给孩子的职业启蒙

打开未来的 N种可能

夏岩 著　小树文化 编绘

开明出版社

图书在版编目（CIP）数据

打开未来的N种可能/夏岩著；小树文化编绘.

北京：开明出版社，2025.4. -- ISBN 978-7-5131-9578-2（2025.6重印）

Ⅰ.C913.2-49

中国国家版本馆CIP数据核字第2025M1L595号

责任编辑：卓玥

打开未来的N种可能

DAKAI WEILAI DE N ZHONG KENENG

| 作　　者：夏岩著　小树文化编绘
| 出　　版：开明出版社
| 　　　　（北京海淀区西三环北路25号　邮编100089）
| 印　　刷：天津中印联印务有限公司
| 开　　本：710mm×1000mm　1/16
| 成品尺寸：170mm×230mm
| 印　　张：8
| 字　　数：70千字
| 版　　次：2025年4月第1版
| 印　　次：2025年6月第2次印刷
| 定　　价：49.00元

印刷、装订质量问题，出版社负责调换货　联系电话：（010）88817647

目录

医生：穿白大褂的"超级英雄" …………… 6

- 如何成为医生 …………………………… 8
- 职业小贴士 ……………………………… 10
- 谁是医生"大明星" ……………………… 12
- 医学高等学府 …………………………… 14

教师：播撒智慧的园丁 ………………… 18

- 如何成为教师 …………………………… 20
- 职业冷知识 ……………………………… 22
- 古往今来的教师"大明星" ……………… 24
- 教育高等学府 …………………………… 26

警察：手持正义的盾牌 ········· 30

  如何成为警察 ············· 32

  职业冷知识 ··············· 34

  警界之光 ················· 36

  警界高等学府 ············· 38

消防员：火光中的"蓝朋友" ······· 42

  如何成为消防员 ··········· 44

  职业冷知识 ··············· 46

  致敬消防英雄 ············· 48

  培养"精英消防员"的高等学府 ··· 50

宇航员：星际探险家 ……………………… 54

- 如何成为宇航员…………………………… 56
- 宇航员的职业冷知识……………………… 58
- 认识宇航员"大明星"…………………… 60
- 培养"星际探险家"的高等学府………… 62

军人：保家卫国的"迷彩侠" ………… 66

- 如何成为了不起的军人…………………… 68
- 成为军人不可不知的冷知识……………… 70
- 军人的楷模………………………………… 72
- 军事院校…………………………………… 74

音乐家：跨越时空的声音魔法师·········· 78

　　如何成为音乐家·································· 80

　　音乐家不可不知的"秘密"······················ 82

　　古今中外的著名音乐家·························· 84

　　音乐学院·· 86

人工智能工程师：科技梦想家············ 90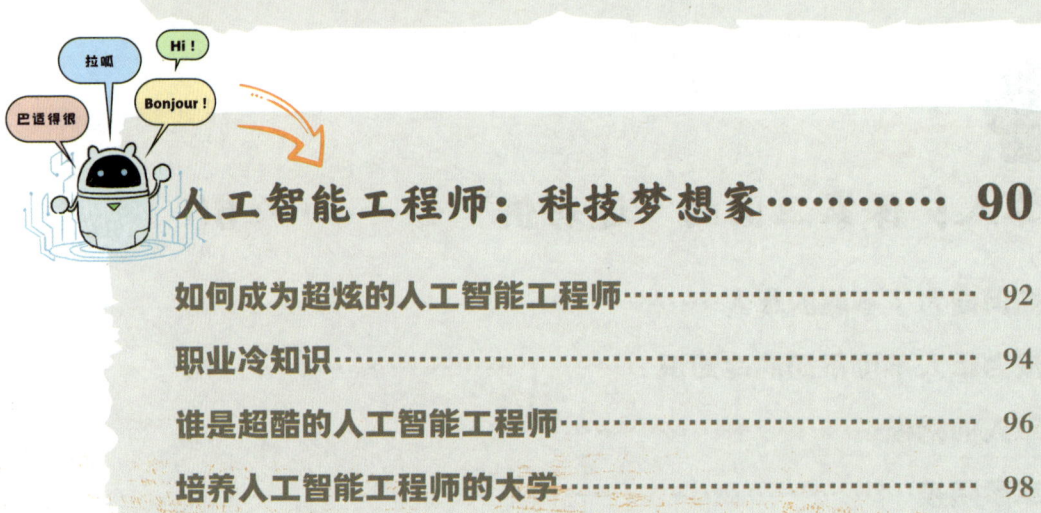

　　如何成为超炫的人工智能工程师················ 92

　　职业冷知识······································· 94

　　谁是超酷的人工智能工程师······················ 96

　　培养人工智能工程师的大学······················ 98

机器人工程师：打造聪明的好伙伴… 102

机器人工程师成长之路……………………… 104
机器人工程师的奇妙冷知识……………………… 106
向杰出的机器人工程师致敬……………………… 108
机器人工程师的摇篮……………………… 110

新能源工程师：绿色能源照亮未来… 114

解锁新能源工程师的"绿色"成长地图……………… 116
机器人工程师的奇妙冷知识……………………… 118
著名的新能源工程师……………………… 120
机器人工程师的摇篮……………………… 122

医生：穿白大褂的"超级英雄"

当你被感冒"怪兽"偷袭，或是意外地遭遇"伤痛恶魔"侵扰，谁会火速帮你揪出这些捣蛋鬼的藏身之处？没错，那就是我们的健康超人——医生！

医生一旦穿上那标志性的白大褂，就像披上了超人斗篷。他们启动"超级知识雷达"，迅速锁定"怪兽"或"恶魔"的巢穴。接着，他们会使用神奇的"药丸炸弹"或者"针剂导弹"，甚至有时候还会施展"手术魔法"，把那些嚣张的"感冒怪兽"和狡猾的"伤痛恶魔"一网打尽，让你的身体重新焕发生机与活力！

健康超人的超能力可不止这些哦！他们还会传授你"健康秘籍"，比如告诉你"蔬菜能量石"是增强免疫力的法宝，"运动加速器"能让你的身体变得强壮灵活。这样，你就可以更好地保护自己，不让那些"怪兽"和"恶魔"有机可乘啦！

如何成为医生
——超级英雄的"升级打怪"之路

成为医生，不是那么容易的！

首先，你要在学校里努力学习，特别是生物、化学这些科目，因为医生需要知道很多关于人体的知识。

然后，你要考上一所医科大学，在那里学习医学课程，比如解剖学、生理学、病理学等。这些课程听起来有点复杂，但其实很有趣，就像是在探索人体的秘密一样！

大学毕业后，你还需要在医院里实习，跟着有经验的医生学习怎么看病、怎么照顾病人。

最后，你需要通过国家医师资格考试，获得医生执业证书，这样你就可以正式成为一名医生啦！

这一路走来，就像是在"升级打怪"，你需要一步步解锁新技能，最终才能战胜病痛，守护大家的健康！

在头脑中建立知识数据库  第一关

- **地点**：学校
- **任务**：努力学习各科知识，特别是生物和化学，它们就像是打开人体奥秘大门的钥匙。
- **小贴士**：多关注医学新闻，读医学有关的课外书，积极动手做科学实验，让学习变得更有趣！

第二关 探索医学院

- **地点**：医科大学
- **任务**：进入这里，就像踏入了神秘的医学殿堂。你要学习解剖学，探索人体结构；学习生理学，了解身体如何运作；学习病理学，研究疾病产生的原因，还有更多有趣的课程等你来挑战！
- **特殊技能**：学会使用显微镜，观察微生物世界；穿上白大褂，铭记身为医生的神圣使命和职责。

第三关 实习医生

- **地点**：医院
- **任务**：跟在有经验的医生身后，就像超级英雄的助手一样，学习怎么诊断病情、照顾病人。你将会见到各种各样的"病痛怪兽"，学会如何用智慧和爱心去战胜它们。
- **冒险时刻**：第一次参与手术，紧张又兴奋，就像是在执行一项重要的救援任务！

最终关 执照大考验

- **地点**：国家考试考场
- **任务**：经过层层考验，你终于来到了最后一关——参加国家医师资格考试。这就像是超级英雄的终极试炼，通过它，你将获得"医生执照"，正式成为守护健康的超级英雄！
- **胜利瞬间**：拿到执照的那一刻，你仿佛佩戴上了专属的超级英雄徽章，准备在医学领域大显身手！

职业小贴士

医生为什么要穿白大褂？

白色，代表着纯净与无瑕。如果医生身上的白大褂脏了或有东西溅到上面，能马上发现并且换掉。可以阻挡潜在传染物质的接触，保护医生免受感染。同时可以减少医生将病菌从一个病人传播到另一个病人的风险。

医生的手术服为什么是绿色的？

医生的手术服是绿色的，就像草地一样，给人以舒适之感。在手术室中，医生盯着红色的血液久了，如果突然看别的地方，可能会出现视觉的不适。但是绿色的手术服能帮医生缓解这种视觉疲劳，让他们手术时看得更清楚。而且，如果手术服上沾了血液，绿色能让血液看起来不那么触目惊心，这样医生就能更专心地做手术啦！

医生为什么总是戴着口罩？

口罩就像是一个超级卫士，它能有效阻挡病菌，降低医生被感染的风险，这样医生才能健健康康地给大家看病呀！

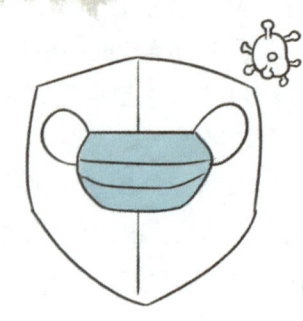

世界各国的医生

中国医生：中华传统医学的守护者

在以科技为主导的现代医疗中，中医诊疗有独特的优势！医生通过望面色舌苔（望）、闻声音气味（闻）、问生活习惯（问）、摸脉搏跳动（切），诊断我们的健康问题。治疗上提倡亲近自然，使用天然药材，如艾草驱寒、茯苓健脾、菊花败火。除了吃中草药，还有针灸、拔罐、推拿、刮痧等多种调理身体的方法。中医理念强调"治未病"——好好吃饭、多多运动，才能少生病，健康长大！比如红枣小米粥养胃，百合莲子羹安神，养生操八段锦动作舒缓，能够帮助我们调节呼吸、放松身体和释放学习压力哦。

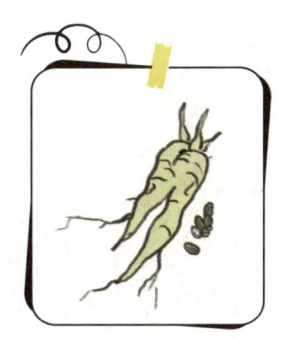

美国医生：分级诊疗的"健康守门人"

美国实行分级诊疗制度，全科医生（家庭医生）就像"健康守门人"，承担首诊的职责，处理大部分健康问题，比如感冒、摔伤和疫苗接种等。经过全科医生评估，必要时可以转诊到专科医生。尽管全科医生覆盖面广，但专科医生诊疗在全球市场竞争中占据主导地位，尤其在尖端医学领域，如癌症治疗、器官移植、机器人手术等。

日本医生：高龄化社会的健康护航人

面对全球最高的老龄化率，日本打造出精细化医疗模式。他们在医疗服务中广泛配置CT扫描仪、超声诊断设备，早期发现病症，做到精准干预，同时在老年人认知症护理、慢性病管理等领域也积累了丰富经验。此外，很多日本医生在前沿药物的使用上，也取得了不少学术成就，在国际上受到广泛认可。

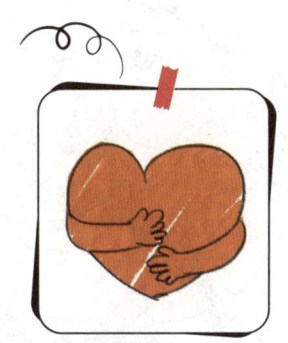

谁是医生"大明星"

华佗：古代的神医发明家

在很久很久以前的东汉末年，有一位神医名叫华佗，他不仅医术高超，还热衷于发明创造，堪称古往今来医学界伟大的先驱和发明家。

你知道吗？世界上最早的麻醉药就是华佗创制的，名为"麻沸散"。古时候，没有现在这么先进的麻醉技术，病人需要忍着剧痛完成手术，难度和危险性都极高。因此大多数医生不敢给病人做手术，但华佗不一样，他用"麻沸散"让病人如同进入梦乡，醒来时手术已然完成，不会感到太多疼痛。

华佗还是位有趣的"健身教练"，他创造了一种奇特的运动方式——"五禽戏"。这可不是普通的游戏，而是模仿老虎、鹿、熊、猿、鸟五种动物的动作来锻炼身体。华佗说，经常练习五禽戏可以使人身体强壮，少生病。

如今，我们常用"华佗再世"来赞美医术高超的医生。华佗的精神与贡献，恰似璀璨的星辰，激励着一代又一代的医者不断探索、不断前行。华佗，这位古代的神医和发明家，他的名字将永远铭刻在医学的史册上，成为后世敬仰的楷模和学习的典范。

钟南山：现代医学界的"定海神针"

在《西游记》中，东海龙王敖广拥有一根神奇的"如意金箍棒"。它原本是大禹治水时遗下的天河定底神铁，由太上老君所制，放置东海成了定海神针。这件宝物能平定波涛，还可随心意变化大小，威力无穷。后来，孙悟空在东海龙宫寻宝，将它拔起并带走，金箍棒最终成了他降妖除魔的得力武器。

现代医学界也有一位如同"定海神针"般的人物，他就是钟南山爷爷。钟南山是中国工程院院士，也是一位非常出色的呼吸病学专家。

2003年，可怕的"非典"病毒在中国蔓延，人们惶恐不安。钟南山爷爷却像一座巍峨的山，坚定地矗立在病毒和民众之间。他告诫大家不要恐慌，并亲自投身到病人的救治工作中，最终帮助人们战胜了"非典"。

2020年，新冠病毒肆虐。此时，已经80多岁的钟南山爷爷又站了出来。他还像年轻时那般无畏，告诉大家怎么预防病毒，并带着医生们一起研究治疗病人。因为有了钟南山爷爷和许多像他一样的医护人员的努力，我们才得以迅速控制住疫情，重新过上正常的生活。

钟南山爷爷用他的智慧和勇气稳住大局，在每一次公共卫生危机的风浪中，他都能坚守阵地，为所有人筑起一道坚实的防线。仿佛只要有他在，再汹涌的风浪也能被平息。他无疑是我们这个时代当之无愧的"定海神针"，值得我们每个人深深地敬仰与学习。

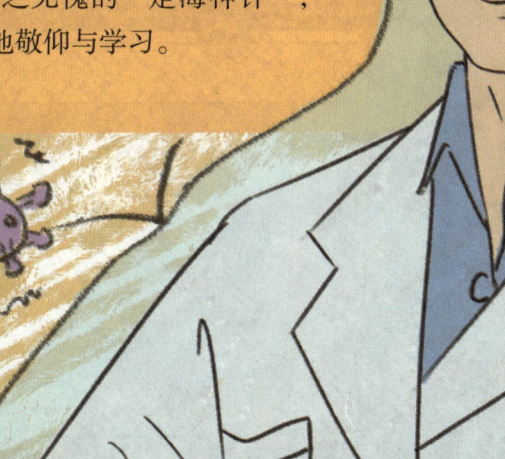

医学高等学府
——练就医学魔法的宝库

想要成为一名优秀的医生,有许多顶尖的医科大学正敞开大门,等待着怀揣梦想的你踏入这些医学宝库。下面,让我们一起探索几所备受推崇、能够为你铺设医学之路的高等学府吧!

医学殿堂　　北京协和医学院

【大学名片】

学校名称:北京协和医学院

荣耀标签:"双一流"建设高校

专业亮点:临床医学、护理学

学院寄语:在这里,你将成长为有知识、有责任感的医学探索者,为人类的健康事业贡献力量。

特色描述:被誉为"中国医学的摇篮"。

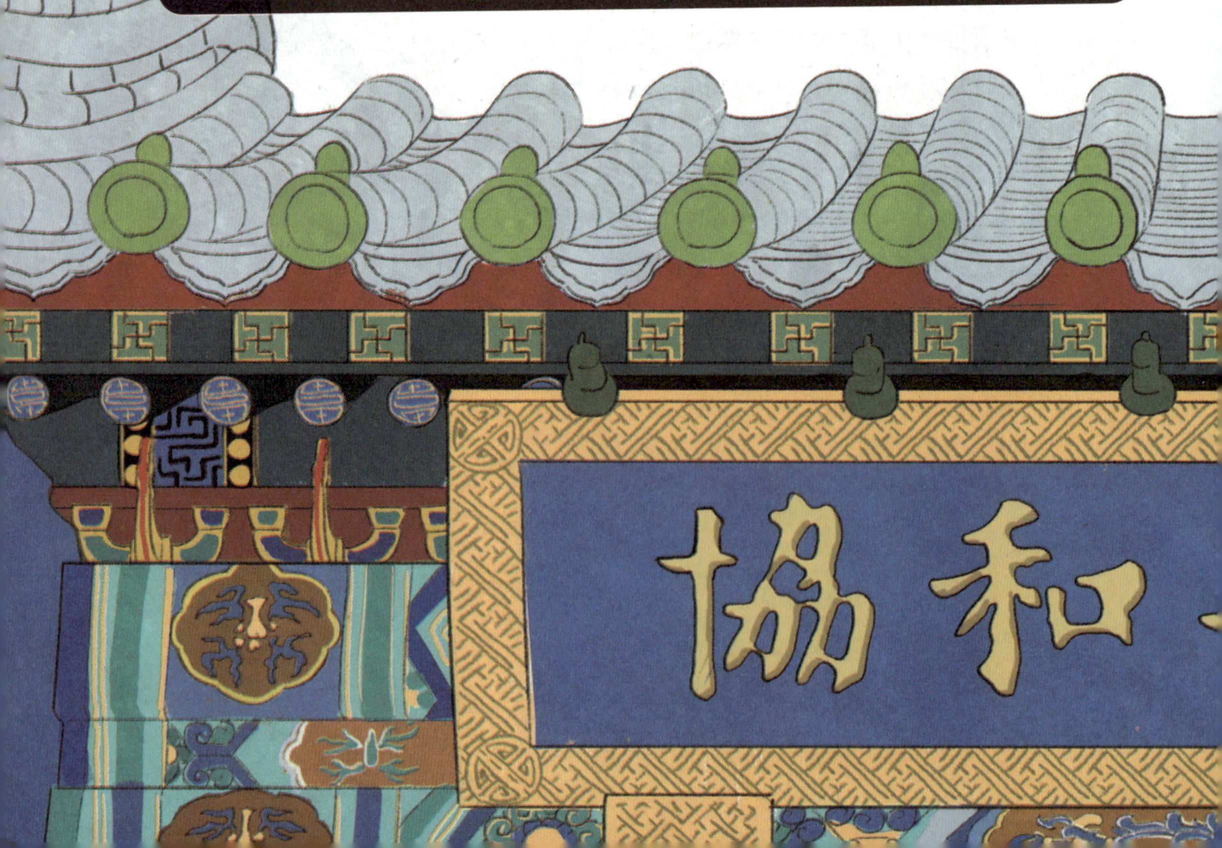

【学校探索】

北京协和医学院，堪称中国医学教育的殿堂。它是首批入选"双一流"建设高校名单的佼佼者，被誉为"中国医学的摇篮"。在这里，你将踏上一段探索生命奥秘、学习救治之道的旅程。

【医学专业】

临床医学：协和医学院的临床医学专业是这里的王牌专业之一。学生能学到扎实的医学理论知识，逐步成为优秀的医学人才。

护理学：护理学专业同样闪耀着独特的光芒。学生们将系统学习护理理论，掌握先进的护理技能。

【学校环境与文化】

踏入北京协和医学院，你会被古朴而庄重的校园氛围所吸引。绿树成荫的小道旁，是历史悠久的医学楼群，它们见证了无数学子的成长与蜕变。学院内配备了先进的医学实验室、模拟医院和图书馆，为你提供一流的学习和实践环境。

医学精英学校　复旦大学上海医学院

【大学名片】

学校名称：复旦大学上海医学院

荣耀标签："985工程"、"211工程"、"双一流"建设高校

专业亮点：基础医学、临床医学、公共卫生与预防医学

学院寄语：你将磨砺成为具有国际视野、创新精神及实践能力的医学精英，矢志不渝地为人类健康事业添砖加瓦。

特色描述：医学与人文交相辉映，孕育未来医学领袖。

【学校探索】

复旦大学上海医学院，一所历史悠久、声誉卓著的医学学府。作为"985工程""211工程"及国家"双一流"建设高校的组成部分，复旦大学上海医学院始终屹立在中国医学教育的前沿阵地。在这里，你将接受全国顶尖的医学教育，成为未来的医学栋梁。

【医学专业】

八年制临床医学：这是一段为期八年的精英培养计划。你将全面学习医学知识，积累临床经验，为成为顶尖临床医生打下坚实的基础。

口腔医学：口腔健康关乎每个人的生活质量。你将深入探究如何预防和治疗口腔疾病，致力于成为守护人们笑容的口腔医学专家。

【学校环境与文化】

复旦大学上海医学院坐落于上海市徐汇区。校园内建筑风格独特，融合了古典与现代之美。学校配备国际化的教学楼、科研楼和临床技能中心，为你搭建起与世界接轨的优质学习平台。此外，学校还设有学生活动中心、体育场馆等休闲设施，让你的课余生活更加丰富多彩。

医学创新学校　上海交通大学医学院

【大学名片】
学校名称：上海交通大学医学院
荣耀标签："985工程"、"211工程"、
"双一流"建设高校
专业亮点：临床医学、公共卫生与预防医学
学院寄语：在这里，你将成长为具有创新精神的医学人才，为人类的健康事业注入新的活力。
特色描述：先进设施和顶尖师资。

【学校探索】

上海交通大学医学院，一所充满活力与创新精神的医学学府，"985工程""211工程"和"双一流"建设高校中的佼佼者。在这里你将沉浸于鼓励探索、崇尚创新的学术氛围中，逐步掌握将创新思维融入医学实践，成为医学领域的创新者。

【医学专业】

临床医学：在这里，你将接触到全球最前沿的医学技术和治疗方法，学会如何运用创新手段解决临床问题，提高病人的生活质量。

公共卫生与预防医学：公共卫生是守护人民健康的关键防线。你将学习如何预防疾病、控制疫情，为社会的健康稳定贡献力量。

【学校环境与文化】

校园环境优雅，建筑风格极具现代化。学院内设有高水平的科研实验室、临床技能模拟中心和图书馆，为你提供优越的学习条件。此外，作为全国法文医学文献特藏中心，图书馆保存了大量有价值的医学法语历史文献，还引进了多种在线法语信息资源。

你将享受到自由而开放的学习氛围。学院鼓励学生自主学习、勇于创新，通过小组讨论、项目合作等方式，培养你的团队协作能力和解决问题的能力。同时，学院还提供了丰富的文化活动和体育设施，让你的学习生活更加多彩多姿。

教师：播撒智慧的园丁

今天天气真好，一棵嫩绿的小幼苗从土里探出头来。蓝天、白云、山川、河流……周围的一切都是那么有趣，让人好想去探索世界呀！可是我们懂得的东西实在太少，心里难免会有不安和恐惧，该怎么办呢？

请你别担心，勇敢大胆地向前走。因为马上就会有一位能干的园丁来帮忙。这位"热心肠"园丁是谁呢？他就是令人尊敬的教师。

亲爱的老师笑容和蔼，手提知识的雨露，轻轻洒在我们心田。他们像魔术师一样，在你头脑中搭建起数学城堡，拉开语文的幕帘，领略文字的美妙，英语成了环游世界的钥匙，带你通往世界每一个角落。还有奇妙的物理、魔幻的化学、深邃的历史……每一门由老师精心准备的课程，都像是为你打开了一扇智慧的大门。

教师不仅仅是知识的传递者,更是你**人生的灯塔**。他们言传身教,教导你懂得分享与合作的真谛,告诉你真正的勇敢,是面对恐惧还能笑对人生。在他们的引导下,你会成为更好的自己。感谢这些辛勤的知识园丁,让每一棵小幼苗,在知识的海洋里快乐遨游,向着阳光,**勇敢地生长!**

如何成为教师
——好园丁"勤"字当先

成为超级棒的教师,恰似成为了不起的园丁,不仅得储备海量的专业知识,更需有一颗匠心。要用"勤奋"这把神奇的钥匙,开启智慧的大门,然后辛勤耕耘,培育出未来社会的栋梁之材。

接下来,让我们一起探寻成为教师的"勤奋秘籍"吧。

STEP1 做知识探险家,不断给自己"充电"

想要成为教师,首先要成为一名永远怀揣求知欲的知识探险家。要不断学习新知识,敏锐洞察世界的变化,深入钻研教导学生的方法。你可以通过阅读书籍、上网查阅资料、参加各种讲座等学习活动,来丰富自己的知识储备。这样,你才能有足够的"养料"来滋养学生们的心灵,让他们在你的引导下,开出最灿烂的知识之花。

在学习知识的过程中,应当善于利用各种各样的工具。就送你一个园丁"工具百宝箱":

需要学习的知识	工具百宝箱
学科知识	• 学科激趣:了解语文、历史等所授学科趣味故事,激发学习兴趣 • 学科发展:阅读学科相关期刊,跟踪学科前沿动态 • 跨学科学习:涉猎人文社科、自然科学类书籍,提升综合素养
心理支持	• 师生沟通:记录师生沟通细节,分析改进策略 • 自我提升:参加学校或社区组织的心理健康培训
技术指南	• 思维可视化:用 XMind 设计学科知识图谱 • 学习制作简单的视频或 PPT(演示文稿) • 技术论坛:加入技术交流群,和同龄的伙伴一起讨论学习
实践方法	• 教学反思:按"计划—行动—反思"不断提升教学水平 • 教学提升:参与跨校联动备课,在合作中精进教学
班级管理	• 赋予同学职责,激发同学参与班级管理的积极性 • 分享自己的管理想法,听听同学们的意见

STEP2
在"园丁学校"里，学习育人之道

接下来，你将踏入一个意义非凡的地方——"园丁学校"，它指的是师范大学或其他大学里的教育学院。在那里，你会学到很多关于如何教育人、引导人的知识。

STEP3 通过园丁"考核"，获得上岗资格

想要成为真正的园丁，还要通过一场"考核"，那就是考取教师资格证。这场考核就像是对你所学知识的一次全面检验，你要展示自己的教学技能、教育理念，还有对学生的爱心和耐心。当你成功拿到教师资格证的那一刻，就意味着你已经具备了成为一名园丁的基本条件，可以开始你的育人之旅了。

STEP4 用爱心和耐心，静待每一朵花开放

最后，也是最为关键的一步，就是你要有一颗充满爱心和耐心的园丁之心。每个学生都是独一无二的花，他们有自己的生长节奏。作为园丁，你要细心观察，洞悉他们的需求，用爱心去呵护他们，用耐心去引导他们。

职业冷知识
——那些不可不知的"为什么"

古人如何称呼老师?

最早的时候,孔子的学生们尊称他为"夫子",这个称呼里饱含着对老师的无限敬仰和亲近之情。《论语》中,"夫子"二字频繁出现,仿佛每一声都是学生们心底最真挚的呼唤。

除了"夫子",古人还常用"师长"来称呼老师。《礼记·学记》中指出,老师要严谨治学,严于律己,这样学生才能发自内心地敬畏,进而对做学问有敬重之心。"师长",就是学生将老师看作是尊长,无论是学习还是做人,都像楷模一般的存在,这进一步凸显了老师在学生面前的榜样力量。

为什么要给老师送肉干?

在中国古代,学生与教师之间有一个古老且有趣的礼仪——束脩(xiū)之礼。"脩"原本指的是干肉,也就是肉脯。"束"是捆绑的意思。"束脩"合起来解释,就是"捆扎起来的一小把干肉",通常由十条干肉组成。"束脩之礼"指学生将干肉等作为礼物送给自己的老师,以此表达对老师的敬意,同时也体现了自己坚定求学的决心。

世界各国的教师

中国教师：知识与品格的"引领者"

在我国，要想成为一名教师，不仅要具备扎实的学科素养，更要牢记崇高的育人使命。根据《中华人民教师法》的规定，教师的使命是"教书育人"：既要传授学科知识，更要将学生培养为德才兼备的社会建设者。因此，作为国家未来人才的塑造者，教师在课堂上既是严谨的知识传播者，也是温暖的"灵魂工程师"。他们会因材施教，发掘每位学生的潜能；以身作则培养学生善良、勤勉的优秀品格，用智慧与爱照亮学生的成长之路。

英国教师：严谨细致的"教学园丁"

英国教师需通过国家教学与领导学院（NCTL）认证，获得合格教师资格（Qualified Teacher Status），入职后，需依照标准课程框架开展教学工作。例如，针对11岁学生要测试数学和英语，教师会针对性强化学生的薄弱知识点。英国教师非常注重细节，例如，为了减轻学生的心理压力，英国曾出台政策，要求教师用六种颜色的笔批阅学生的作业。

古往今来的教师"大明星"

孔子：全能的千古智者

在古代中国，有一位被后世尊称为"圣人""先师"的智者。他非君王之身，却以深邃的思想与不朽的教诲，影响了无数华夏儿女。他便是儒家学派的创始人孔子，中国古代最伟大的教育家之一。

孔子名丘，字仲尼，生于诸侯割据、动荡不安的春秋末年。他不仅是一位思想家，提出了以"仁"为核心，强调"礼""义""忠""孝"等的儒家思想，更是一位令人敬佩的教育家，开创了私学，提倡"有教无类"，不管你是谁，只要想学习，都可以成为他的学生。孔子教导过的学生数不胜数，门下弟子三千，贤者就有七十二位。

如今，在山东曲阜的孔庙内，有一座杏坛，据说这里曾经是孔子讲学的地方。设想一个清晨，孔子身着长袍，立于坛上，他那温和的声音，在微风中轻轻荡漾。他不仅传授《诗》《书》《礼》《乐》《易》《春秋》等六经的知识，更注重引导学生思考人生，教导他们如何修身齐家治国平天下，如何保持一颗仁爱之心，成为具备高尚品德的君子。

孔子还是个音乐家，擅长弹琴唱歌；他也是个书法家，写的字漂亮极了；他更是个运动健将，射箭、驾车样样精通！简直就是古代教育界的"全能王"！孔子曾说："三人行，必有我师焉。"这句话告诉我们，无论身处何地，与何人相处我们都能学到东西。他鼓励学生们多思考、多提问，不要害怕犯错，因为错误是我们成长的垫脚石。

孔子的一生，四处奔波，传播他的思想，希望能够让更多的人受到教育的熏陶。他的学生们也不负所望，有的成为政治家，有的成为学者，有的成为教育家，他们都在各自的领域里发光发热，传承着孔子的精神。

张桂梅：大山里的"灯塔"

在云南丽江的大山里，有一所特别的公办免费学校——华坪女子高级中学。这所学校的学生都是家庭贫困的女孩子。

这所学校的创建者是张桂梅老师，她常被人们称为"大山里的灯塔"。张桂梅老师出生于中国东北，工作后扎根云南贫困山区，一待就是40多年。1996年，她来到丽江市华坪县中心学校工作，在那里，许多女孩子因家庭经济困难无法上学，张桂梅老师立志改变这一现状。她创办的华坪女子高级中学，已助力1600多名女学生走出贫困山区，迈入大学校门。

她常年坚持家访，累计行程超过11万公里，覆盖学生1300多名。在个人生活上，她极为简朴，吃穿用度都很节省，却慷慨地将自己的工资、奖金及社会各界捐赠的100多万元资金，毫无保留地倾注于贫困山区的教育事业。她拖着病体忘我工作，用实际行动践行着自己"只要还有一口气，就要站在讲台上"的誓言。

张桂梅老师的事迹感动了无数人，被誉为"时代楷模"。她用自己的行动诠释了真正的教育者的模样，就像一座灯塔，点亮了无数山区女孩的希望之光。

教育高等学府
——培养杰出教师的沃土

师范教育殿堂　　北京师范大学

【大学名片】

学院名称：北京师范大学

荣耀标签："985工程"、"211工程"、"双一流"建设高校

专业亮点：教育学、心理学、学前教育

学院寄语：你将成长为具有国际视野及领袖才能的教育精英，为中国的教育事业贡献智慧与力量。

特色描述：教育与人文深度融合，培育未来教育领袖。

【学校探索】

北京师范大学，堪称中国师范教育的佼佼者，稳居国内师范教育领域的领先地位。作为"985工程""211工程"及国家"双一流"建设高校，北京师范大学致力于培养优质教育人才，引领中国教育事业的领先发展。你将在这里学到丰富的教育知识，接受顶尖级别的教育专业训练，成为未来教育界的领军人物。

【教育专业】

教育学：这是一个涵盖教育理论与实践的综合性专业，通过不断学习并积极参加教学实践，你将掌握教育的核心理论，具备设计、实施和评估教育项目的能力。

学前教育：聚焦于儿童成长的每一个细节，你将学习如何为孩子们营造轻松、快乐、健康的成长环境，成为他们人生旅途中的启蒙教师。

【学校环境与文化】

北京师范大学坐落于文化底蕴深厚的北京市海淀区，春日樱花盛开如霞，秋日银杏叶落金黄，整个校园就像一幅变换的画卷，美不胜收。诸多名师先贤在这里坚持真理、以文育人。校园内既有见证中国近代教育史的京师学堂，又有镌刻"学为人师，行为世范"校训的精神地标木铎金声广场。

教育创新学校　　华东师范大学

【大学名片】

学校名称：华东师范大学

荣耀标签："985工程"、"211工程"、"双一流"建设高校

专业亮点：课程与教学论、特殊教育、教育技术学

学院寄语：你将成长为具有深厚教育底蕴、创新精神及实践能力的教育精英，为中国的教育事业注入新活力。

特色描述：教育与科技相辅相成，培育未来教育创新者。

【学校探索】

华东师范大学，作为中国师范教育的另一座高峰，同样位列"985工程""211工程"及国家"双一流"建设高校之列。1951年，华东师范大学以大夏大学与光华大学为基石，整合了圣约翰大学、复旦大学、同济大学及浙江大学等名校的相关系科资源，于大夏大学原址上应运而生。

【教育专业】

课程与教学论：深入研究课程设计与教学方法，旨在让你学会如何打造高效、有趣的教学环境，激发学生的潜能。

特殊教育：关注特殊儿童的教育需求，着力研究如何为其提供个性化的教育的途径和方法，助力特殊儿童融入社会。

【学校环境与文化】

华东师范大学位于繁华的国际大都市上海，校园环境堪称一流，错落有致的建筑群不仅展现了现代建筑的设计美感，还巧妙融入艺术元素，营造出浓厚的文化氛围和学术气息。

学校构建了一套完善的教育实习体系，与全国乃至国际上的优秀教育机构合作，从基础教育到特殊教育，为学生提供多样化的实习机会。在教育学、心理学、社会学等多个领域，学校更是大力推动学生参与，设立了众多科研项目和创新实验室。学生既可以随导师进行深度研究，也可以自主申报课题、组建团队。在这里，校园生活丰富多彩。你可以加入各种社团，还能参加各种体育活动和比赛。学校还经常举办文化节、艺术展，并且会邀请各界专家开展讲座。

教育艺术学校　　华中师范大学

【大学名片】
学校名称：华中师范大学
荣耀标签："211工程"、"双一流"建设高校
专业亮点：教育技术学、小学教育、学前教育
学院寄语：你将成长为具有深厚教育情怀、浓厚文艺气息的教育精英，为中国的教育事业谱写新篇章。
特色描述：教育与艺术相互融合，培育未来教育艺术家。

【学校探索】
华中师范大学作为中国中部地区师范教育的代表，同样跻身"211工程"及国家"双一流"建设高校之列。这里汇聚了众多优秀教师，他们兼具深厚学识与卓越的教学能力，堪称"学霸"与"教育高手"的完美结合。

【教育专业】
教育技术学：致力于融合现代科技与教育理论，研究如何运用技术手段提升教学效果，培养推动教育信息化的专业人才。
小学教育：专注于小学教育的全面发展，学习如何设计有趣、有效的教学活动，激发孩子们的学习兴趣。

【学校环境与文化】
华中师范大学坐落于素有"九省通衢"之称的武汉。校园内古木参天，四季花开，宏伟的教学楼群错落有致。在华中师大，你将开启充实而有趣的学习生活之旅。学校坚持"知行合一"的教育理念，注重理论与实践的结合，鼓励学生参与教育实习和科研项目，提升你的教育实践能力。无论是基础教育领域，还是高等教育，学校与众多教育机构建立了广泛的合作关系，为学生提供了丰富多样的实习机会，让学生既能走进城市学校，又能走进乡村课堂。同时，学校还定期邀请国内外知名专家学者，举办学术讲座，开展诸如国际文化节、文学沙龙等文化交流活动。

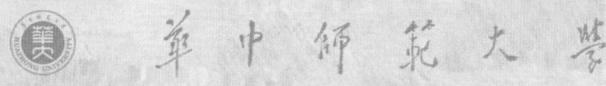

警察：手持正义的盾牌

在繁忙的十字路口，一位阿姨的钱包不慎被小偷盗走，她焦急地呼喊着："谁能帮帮我？抓小偷啊！"这立刻引起了大家的注意。有人迅速追赶小偷，有人机智地拦截，还有人拿出手机，拨打报警电话。

丁零零——警察局的工作人员即刻接通电话，详细询问并记录了事件经过和具体地点。没过多久，一辆闪烁着蓝红警灯的警车，如同夜空里的明星，呼啸着疾驰而来。车门缓缓打开，两位身着帅气制服的警察，犹如盖世英雄般出现在大家面前。

警察仔细询问了钱包丢失的详细情形，迅速调取了路口的监控录像。在他们的不懈努力下小偷最终被成功抓获，并受到了应有的法律惩处。

警察的工作真是了不起！他们可不仅仅只会抓小偷，像是超级侦探，凭借"火眼金睛"和聪明的头脑，解开一个个复杂的谜团。每当遇到紧急情况，他们会迅速出警，处理交通事故、火灾、自然灾害等各类突发事件；他们会在城市里巡逻，时刻守护着我们的安全。同时，他们也是当之无愧的"安全大使"，经常走进学校、社区，耐心教导我们如何更好地保护好自己。

如何成为警察
——好警察拥有坚实铠甲

梦想铠甲

若想成为一名威风凛凛的警察，心中首先要怀揣梦想。不妨想象一下自己穿上警服，帮助需要帮助的人，将坏人绳之以法，捍卫正义的模样。随着时光流转，这个梦想会慢慢生根发芽，成为你前进的动力。

知识铠甲

更为关键的是，想要成为一名警察需要广泛涉猎各类知识，甚至成为"百事通"。在学校里，你要认真学习各门课程，特别是数学、语文和英语，这些基础学科知识将是你未来解决问题的工具。同时，多阅读一些关于法律、侦探故事和英雄事迹的书籍，它们能激发你的正义感，也能让你对警察的工作有更深入的了解。

品性铠甲

警察无疑是一个充满无私奉献精神的职业，它对从业者有着极高的品质要求，需要从业者具备勇敢、正直的品格，以及强烈的责任心和同情心。面对危险时，警察要挺身而出；处理案件时，警察要坚守公正；为他人提供帮助时，要给予真诚的关怀。

健康铠甲

警察的工作往往需要面对各种挑战，因此良好的身体素质不可或缺的。所以，从现在开始，你就要养成锻炼的好习惯。无论是跑步、游泳、篮球还是跆拳道，选择一项你喜欢的运动，坚持下去。请记住，强健的体魄是手持正义的护盾，保护他人的基础。

这张表是你成年后，想要成为警察所需要达到的身体素质标准。不过这只是通常情况下的参考标准，实际报考警察时，可能还会有更加详细、具体和专业的要求。

身体指标	身体素质具体要求
健康情况	身体健康是最基本的要求，这是成为警察的基础，需要没有重大疾病，没有传染病和精神病史
身高	男≥170cm，女≥160cm（不同地区和岗位略有不同）
体重	男性体重指数 17.3–27.3 kg/㎡，女性 17.1–25.7 kg/㎡ （体重要与身高匹配，体重指数应当在健康范围内）
视力	双眼裸视≥4.8 或矫正视力≥5.0
色觉	没有色盲、色弱等问题
听力	单侧耳语听力≥5 米
嗅觉	嗅觉正常
体能	50米跑（男≤9.2秒，女≤10.4秒） 立定跳远（男≥2.05米，女≥1.5米） 1000米跑（男＜4分35秒）/800米跑（女＜4分36秒） 引体向上（男≥9次/分钟）/仰卧起坐（女≥25次/分钟） （警察需要面对高强度的工作，拥有充沛的体能非常重要）
外观	有良好的形象，外观端正
肢体	四肢健全

当你看到警察学校发布的招生消息，那就意味着你的警察梦想之旅即将启程啦！要仔细研究招生要求，确保自己符合所有条件，然后毫不犹豫地报名参加。

职业冷知识
——警察的"秘密规定"

警察的警号会重复吗

警号,恰似每位警察专属的"英雄编号",醒目地镶嵌在警服左侧胸前的显著位置。这串由六位数字组成的编号,是警察们独一无二的"身份标识"。

你知道吗?因全国警察数量庞大,偶尔可能会出现"警号撞衫"的情况,也就是两位警察拥有相同的警号。

不过别担心,在同一省份内,警号具有唯一性。所以,当你需要寻求某位警察的帮助时,只需提供他所在的省份和警号,就能轻松准确地找到他。

我能领养一只威风的警犬吗

警犬是警察的得力助手。它们是经过严格选拔和专门训练的犬种,工作能力个顶个的棒。德国牧羊犬、罗威纳犬、拉布拉多犬等,都有可能成为警犬。在警务工作中,警犬凭借敏锐的嗅觉、听觉和出色的体能,总能迅速锁定犯罪嫌疑人的行踪,为警察提供准确的线索,它们还擅长搜救失踪人员,执行缉毒和防爆任务。

警犬退役后,如果符合条件,普通人便有机会领养它们。不过,领养警犬的标准很高,需要通过审核并办理相关手续才行。

领养警犬的过程也有点复杂。你得先向当地的警犬基地等机构提交申请,提供一些证明材料,比如你的身份证明、居住环境证明等。审核通过后,你还得和机构签署领养协议。

在正式领养前,你可能还得接受一些关于警犬照料与训练方面的指导。领养警犬可不是一时兴起,而是一份长期的责任。你得为警犬提供一个稳定的生活环境,给它足够的关爱。

世界各国的警察

中国警察：安全感满满的"平安守护者"

长知识啦！我国公安机关的警察种类有哪些，他们各自的职责又是什么呢？派出所民警是"全能警察"，工作繁忙，承担调处纠纷、治安防控等基层工作；交通警察负责交通秩序管理、交通事故勘察等，道路上常有他们的身影；巡逻警察负责指定地方的巡逻和防控；治安民警是社区警务主力军，负责社区走访入户、维护社会治安秩序等。此外，其他警种还包括户籍警察、刑事犯罪侦查警察、外事警察、经济犯罪侦查警察、公共信息网络安全监察专业警察、禁毒警察、警务督察、监所警察、科技警察和公安法医。

英国警察：维护治安的绅士骑士

英国负责维持社会治安和公共秩序的警察分为三种：正规警察、志愿警察和社区服务警察。选拔注重考察申请者的价值观与社区服务意识，他们需参与情景模拟测试，例如调解邻里纠纷或安抚走失儿童。此外，英国会举办"警察开放日"，展示刑侦技术、介绍警察工作内容等，吸引许多家长和小朋友参与。

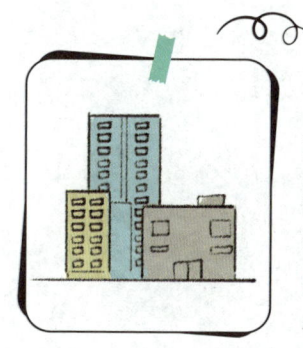

法国警察：有特色制服的"六边形"战士

在法国，警察分为国家警察、国家宪兵和市镇警察三种。其中，市镇警察是由各市镇政府自主组建管理，不属于国家警察系统，主要负责道路交通、学校周边安保、大型活动人群疏导等工作。值得关注的是，法国警用装备设计在保持功能性的同时彰显了法国人的时尚特质，如国家警察日常执勤时通常佩戴贝雷帽，国家宪兵通常佩戴船形帽（Kepi）。

警界之光
——最威风的警察

宋慈:古代的法医神探

在很久以前的南宋,有位超级厉害的"法医神探",他的名字叫宋慈。这可不是一般人,他是法医学界的鼻祖。

宋慈跟那些坐在办公室里悠闲度日的官员截然不同,他担任的是提点刑狱一职,简单来说,就是负责监督和管理他所在地区的刑狱事务。

工作时,宋慈会亲自去各地查看刑事案件的审理情况,确保每一个案子都公正无私,没有冤假错案。他要审问囚犯,了解案情,还要复查案卷,确保每一个细节都被妥善处理。这就像是现代的省级公安厅长,既要管理整个地区的治安和刑事案件,又要确保司法公正。然而宋慈的卓越之处不止于此,他还是一位法医专家,懂得如何运用法医学的知识来检验证据,让真相大白于天下。

宋慈办案,有一套独门秘籍。不是只靠口供和猜测来断案,他靠的是实实在在的证据!他特别喜欢亲自到现场去勘查,就像我们现在玩的"寻宝游戏"一样,只不过他寻的不是宝藏,而是案件的线索。

除了破案,宋慈还是个超级学霸。他总结自己多年的办案经验,写成了一本书,叫作《洗冤集录》。这本书里记录了各种伤亡情况的检验方法,就像是我们现在的侦探手册,对后世的法医学发展产生了巨大的影响。

宋慈用自己的智慧和勇气,为后世的警察树立了榜样。也正是因为有了像宋慈这样的人物,我们的世界才变得更加公正和安全!

崔道植：中国的"福尔摩斯"大侦探

对于刑事警察来说，指纹就像是犯罪现场的无声证人，隐藏着揭开真相的关键线索！跟我们每个人都有独特的长相一样，每个人的指纹也是独一无二、不可复制的。在指纹研究的浩瀚海洋里，有一位非常专业的"指纹猎人"，他的名字叫崔道植。他可不是普通的警察，而是中国第一位枪弹痕迹鉴定专家，被称为"中国的福尔摩斯"。

在那些扑朔迷离的案件中，崔道植就像是一位拥有超能力的侦探。凭借自己丰富的经验和敏锐的洞察力，在无数的指纹中做排除法，如同拼图一般一点一滴地拼凑出真凶的轮廓，最终找出那条通往真相的线索！

除了指纹，崔道植对枪弹痕迹的研究也是无人能及。他可以通过一枚小小的弹壳，一个微小的弹孔，判断出凶手使用的是什么类型的枪支，枪支的型号、口径，甚至还能根据弹道轨迹和射击角度，推断出凶手的大致身高、体型和射击姿势。他的这些本领，让无数犯罪分子闻风丧胆，也让警界的同事们对他佩服得五体投地。

崔道植在职业生涯中先后荣立个人一等功、二等功、三等功。他还被评为全国优秀人民警察、全国"公安楷模"、全国公安系统二级英雄模范等荣誉称号。他用自己的智慧和勇气，为国家的安宁和稳定筑起了一道坚不可摧的防线。

爱丽丝·史狄赛威斯：世界上第一位女警察

20世纪初，美国警察不仅负责维护治安，还会抓捕罪犯以及调解纠纷，这份工作几乎成了男士的"专利"。但是，有一位名字叫作爱丽丝·史狄赛威斯的女性，打破了这个传统，成为世界上第一位女警察！

爱丽丝当警察的过程充满了艰辛。她凭借着自己的勇气和决心，通过了警察选拔和训练，成为洛杉矶警局的一名正式警员。她不仅要像男警察一样巡逻街道、抓捕罪犯，有时候遇到小朋友走丢了，爱丽丝则会温柔地安慰，帮他们找到回家的路。偶尔遇到一些家庭纠纷，爱丽丝也会耐心倾听，想办法帮他们解决问题。

有一次，洛杉矶发生了抢劫案，罪犯非常狡猾，躲进了一个很隐蔽的地方。爱丽丝毫不犹豫地冲进现场！她凭借着自己的机智和勇敢，成功制服罪犯，还找回了被抢财物。

爱丽丝的勇敢和智慧，得到了大家的认可。她不仅是洛杉矶警局的骄傲，还成为全世界女性的榜样！她用自己的行动证明，女性也可以像男性一样，勇敢追求自己的梦想！

警界高等学府
——培养优秀警察的圣地

警校"天花板" 中国人民公安大学

【大学名片】

学校名称：中国人民公安大学
荣耀标签：公安部直属高校、"双一流"建设高校
专业亮点：治安学、侦查学、公安学、公安技术
学院寄语：锤炼意志，增长才干，为国家的安全稳定贡献力量。
特色描述：专业丰富、设施完备、管理严格、就业广阔。

【学校探索】

中国人民公安大学，简称"公安大学"，位于首都北京，被誉为警校中的"天花板"。作为一所普通高等学校，它直属公安部，暨公安部高级警官学院。这所大学创始于1948年，前身为华北保卫干部训练班，是国家"双一流"建设高校。

【王牌专业】

治安学：这个专业是国家级的一流本科专业，也是国家特别重视的特色专业！它专门培养那些懂得很多社会治安管理和警察法律制度知识的高级人才。在这里，你会学到如《治安学导论》《治安案件查处》和《治安勤务》等课程，会了解社会治安问题是怎么产生的，国家为了保障公共安全都制定了哪些政策，在遇到危机时应该如何应对。

侦查学：这个专业同样是国家级的一流本科专业，还是国家特别认可的特色专业。主要培养能做犯罪侦查、收集证据和调查案件的高级人才。你会在学习过程中知道犯罪的人心里是怎么想的，如何找到罪犯留下的痕迹，还有怎样巧妙地调查和审问坏人，学成之后，能帮助公安司法部门工作，为他们提供技术支持。

【学校环境与文化】

公安大学有两个校区，一个在木樨地，一个在团河。公安大学的图书馆是国内公安类书籍最齐全的图书馆之一。校园教学设施完备，有警务战术训练馆，像街道一样的警务战术训练区，还有警体综合训练馆等。更厉害的是，学校里有实弹射击、泅渡救援、痕迹检验等好多国内一流的警务训练设备。

【就业情况】

公安大学毕业生就业选择很多，大多会去公安机关、司法机关、安全机关这些和法律、警察有关的地方工作；部分毕业生可能会成为刑警，去抓坏人；或者成为交警，指挥交通；还有可能成为治安警察，维护治安；也有可能是户籍警察，帮助大家办理户口等。

警界清华 中国刑事警察学院

【大学名片】

学校名称：中国刑事警察学院
荣耀标签：公安部直属高校
专业亮点：侦查学、刑事科学技术、网络安全与执法
学院寄语：学警为民，强能善战。
特色描述：公安法学和公安技术学为特色，实验设施先进，师资力量强大，就业前景广阔。

【学校探索】

中国刑事警察学院，坐落在辽宁省沈阳市，是由公安部直接管理的一所本科学校，被称为"中国刑警的最高学府"。这所学校从1948年开始建立，1981年，发展成为中国第一所教授公安专业本科知识的学校。它还是公安部培训技术侦察干部和禁毒警察的重要基地，被中央军委政治工作部选定为"全军保卫部门刑事侦查骨干的培训基地"。

【王牌专业】

侦查学：这个专业主要是教学生怎么侦查犯罪、怎么分析案件。学生们会学到犯罪心理学、侦查学的原理，还有刑事侦查技术等好多知识。

刑事科学技术：这个专业主要是研究痕迹检验、文件检验，还有公安图像技术这些领域。学生们会学到刑事科学技术的基础理论和实验技术，还会掌握物证鉴定、现场勘查、刑事影像技术等很多关键技能，以后可以为公安司法工作提供强大的技术支持。

【学校环境与文化】

中国刑事警察学院有三个校区，分别是塔湾校区、白山路校区和蒲河。校园环境优美，有很多现代化的建筑，比如教学楼、警体馆，还有餐饮中心。学院有先进的警务实训设施，例如痕迹检验鉴定技术实验室。

校园生活既紧张又有趣。不仅要扎实掌握专业知识，还要接受严格的警务化管理和体能训练。学院特别注重培养学生的实践能力和团队精神，经常组织各种实践活动和比赛，让大家在实践中锻炼自己，提高综合素质。

【就业情况】

学院毕业生大多就职于公安机关、司法机关等单位，从事刑警、治安警等多种警察岗位的工作。

忠诚卫士的摇篮　中国人民警察大学

【大学名片】
学校名称：中国人民警察大学
荣耀标签：公安部直属高校
专业亮点：治安学、侦查学、公安管理学
学院寄语：忠诚为民，励志奉献。
特色描述：集文理工管多学科于一体，教学设施完善，就业渠道多样。

【学校探索】
中国人民警察大学，坐落在河北省的廊坊市，是一所公安部直接管理的全日制大学。这所学校前身为中国人民武装警察部队学院，1981年经过国务院批准成立，2018年，学校更名为中国人民警察大学，还加上了"公安部国际执法合作学院"和"中国维和警察培训中心"这两个响亮的牌子。

【王牌专业】
警务指挥与战术：专门培养那些能够指挥警察行动、制定战术计划的高级警务人才。这个专业被教育部评为国家一流本科专业。

公安政治工作：主要关注警察队伍的思想政治建设，培养能够做好公安政治工作的专业人才。这个专业也被教育部评为国家一流本科专业。

【学校环境与设施】
中国人民警察大学有两个校区，分别是廊坊校区和广州校区。学校还有很多先进的警务训练设备和消防实验中心，让学生们能学到真本事。

【学习与生活】
学生们在中国人民警察大学要接受严格的警务化管理，每天早起出操、整理内务，锻炼坚韧不拔的意志和出色的团队协作能力。学校经常会举办各种学术讲座，邀请公安战线的英雄模范和专家学者分享经验；还有丰富多彩的文化交流活动，比如国际学生交流会、文艺晚会等，让大家在交流中拓宽视野。学校有足球场、篮球场等各种运动场馆，定期举办运动会和各项体育竞赛。

【就业情况】
毕业生大多进入公安机关、消防部门，成为指挥员、技术员。

消防员：火光中的"蓝朋友"

消防员是我们日常生活中的"熟面孔"，也是每个人的好朋友。

每当火灾这个危险的家伙来捣乱时，消防员就如同疾风中的勇士，嗖的一下赶到火灾现场。他们穿着那帅气又醒目的蓝色战衣，戴着坚固的安全头盔，手里紧握着宛如"水龙炮"的水枪，毫不犹豫地冲进熊熊大火之中。

在火光冲天、烟雾弥漫的环境里，消防员们不仅要跟疯狂的"火焰怪"搏斗，将它扑灭，还要像个大侦探，仔细搜救被困在火海里的人们，把他们安全地救出来。有时候，消防员更要处理各种危险的化学品泄漏，确保我们免受伤害。

没有火情时，消防员的工作依旧辛苦。他们要经常进行"超能训练"，练习如何快速穿戴好装备，如何灵活地攀爬高楼，如何在浓烟滚滚中找到出路……这样，当真正的危险来临时，他们才能像超人那样迅速做出反应。

下次当你看到那些"火光中的蓝朋友"，一定要记得给他们一个大大的赞！这些消防员是我们**生活的守护者**，是**最勇敢无私的战士**。也许有一天，你也会被他们的英勇精神所感染，成为像他们一样的人！

如何成为消防员

——准备好了就出发

想成为消防员,得有一颗勇敢、无私的心,愿意在别人需要帮助时伸出援手。那么,具体应当怎么做呢?

第一阶段　准备阶段

在学校里,你要努力学习,踏踏实实地上好每一门课,特别是科学课。了解火的性质、燃烧原理以及灭火方法,这些知识对消防员来说至关重要。数学和物理也是很有用的,因为它们能帮助你理解一些消防设备的工作原理,比如水枪的压力调节、消防车的动力系统等。

消防员的工作需要有非常好的身体素质,所以你得经常锻炼身体。跑步、跳绳、做俯卧撑、仰卧起坐,还有攀岩、障碍跑等,都是提升体能的有效方式。除了力量,耐力也特别重要。你可以尝试长跑或者游泳,同时有助于提高自己的心肺功能。

此外,阅读关于消防的书籍、杂志,或者上网搜索相关资料,可以了解消防的基本知识和技能。参加学校或社区组织的消防宣传活动,听消防员讲解消防知识,观看消防演练。这都会让你对消防员这个职业有更加全面深刻的认识。

消防员们每天都按时睡觉、按时起床,生活作息十分规律。不管做什么事,他们都会严格遵守各种各样的规章制度,绝不偷懒。如果你想成为消防员,平时就要向他们学习,培养好习惯。还要多尝试跟其他同学合作完成任务。这样,在加入消防员团队后,你才能跟队友齐心协力,共同战胜火灾。

第二阶段 尝试阶段

当你成年后，一定要仔细留意，当地消防部门或培训机构会举办消防员培训班，你可以报名参加。在培训过程中，你能学到更多专业的消防知识和技能，比如如何使用各种消防设备、如何进行火灾现场勘查等。

培训还会有实践环节，比如模拟灭火、救援演练等。你要积极参与，把学到的知识运用到实际操作中去。

当你觉得自己已经准备好了，去关注当地消防部门的招聘信息。了解招聘条件、报名时间和方式等。准备一份简单明了的简历，突出自己的优势和特长。如果有相关证书或培训经历，一定要写上去。

想成为消防员？看看下面的指南吧！

消防员报考指南

基本条件

1. 中国国籍。
2. 一般为18-22岁。
3. 高中以上学历，学历越高录取越有优势。
4. 遵守法律，爱党爱国，品德高尚，没有犯罪记录。
5. 身体健康，心理健康，身体各项指标符合标准。

专业要求

1. 懂得消防知识，会灭火和救援。
2. 体能好，通过体能测试。

录取流程

1. 网上报名开始啦！
（登录消防员招录平台，填写你的信息，迈出梦想第一步）

2. 资格审查别忘记！
（报名成功后，记得带好你的证件去现场复核）

3. 测试环节来挑战！
（别紧张，发挥出你的最佳状态，让大家看到你的实力！）

4. 体检 → 政审 → 体能测试 → 心理测试 → 面试

5. 合格啦，公示录用！
（恭喜你！通过了所有测试，你的名字会被公示出来，意味着你正式成为了消防员！）

职业冷知识
——你"读懂"消防员了吗

消防车为什么是红色的

消防车之所以是红色的,主要是因为红色光有个特别的本领,它能轻松穿过水层、雨点、灰尘,还有朦胧的雾。

在雨天或者雾天视线不佳的情况下,车辆来来往往,这时候一辆红色消防车呼啸而过,是不是特别显眼?没错!就是因为红色光的这个特性,人们在复杂多变的环境中,一眼就能认出消防车。

这样一来,大家会赶紧给消防车让路,令它能够飞快地赶到火灾现场。毕竟,时间就是生命,每一分每一秒都至关重要。

所以,下次当你看到红色的消防车疾驰而过时,别忘了给它让个路,因为那可是载着希望和勇气的"火红战士"啊!

消防员身上的神秘装备:呼救器

消防员冲进火灾现场时,身上都会佩戴一个特别重要的设备,那就是呼救器,这是他们的"安全守护神"!

呼救器如同智能的安全警报器,它有着非常灵敏的感应功能。如果消防员在火场里因为某种原因静止不动超过了30秒,这个呼救器就会自动发出报警信号。信号迅速传递到队友那里,告诉他们:"火场里的伙伴可能需要帮助!"这样场外的队友便会立刻做出反应,展开救援。

这个呼救器非常耐用,无论是高温,还是烟雾等恶劣环境中都会正常工作,确保消防员在任何情况下依旧能得到及时救援。这是他们身上极其重要的"安全秘密武器"。

世界各国的消防员

中国消防员：勇敢无畏的"逆行者"

你会怎么形容中国消防员呢？是象征勇敢和无畏的"火焰蓝"；是以血肉之躯，守护万家的"钢铁战士"；更是奋不顾身，用自己的生命托起他人生命的"逆行者"。在洪灾地震现场，在化工危险爆炸区，在建筑救援中，他们始终践行"人民至上、生命至上"的庄严承诺。我国将11月9日确立为全国消防日，并通过宣传月活动普及防灾减灾知识。让我们一起致敬中国消防救援力量，愿每次出征都能平安归来。

美国消防员：严苛的筛选之路

美国国家消防管理局对职业消防员的筛选非常严格。候选者需要通过认知体能极限测试与心理韧性评估；通过后，要接受理论教学、模拟训练、实战轮岗；最后，需要同时考取EMT急救认证和消防工程师执照，才能成为一名合格的消防员。录取率非常低，全美平均录取率只有4.7%。

俄罗斯消防员：火焰中的"生命守护者"

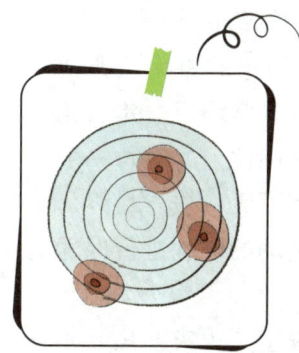

俄罗斯消防非常重视消防队伍的建设，构建了联邦与地方协同的多层次救援体系，包括国家消防部队、地方专职消防队、部门专职消防队、私营消防队和志愿消防队。为了吸取切尔诺贝利核电站的教训，国家消防总局特别组建了抢险救援大队。此外，2025年2月莫斯科西北部建筑发生火灾，救援部门曾出动130名工作人员和37台设备进行灭火工作，疏散并解救了身处险情的群众。

澳大利亚消防员：受人尊敬的志愿先锋

澳大利亚作为全球森林消防科技与装备最先进的国家之一，消防应急储备力量大且享有较高的社会声誉。该国消防体系由常设消防队（职业化队伍）、志愿消防队（持证兼职人员）和社区消防队（纯志愿性质居民组织）构成。由于澳大利亚地广人稀且森林覆盖面积大，澳大利亚创新地采用"三级联防"机制，即志愿消防站承担大部分的初期火情处置，常设消防队提供技术装备支持，社区消防队实施灾后余火清理。

致敬消防英雄

焦云龙：京城的守护者

在繁华的北京市中心，有一支勇敢的消防队，他们与中南海只有一墙之隔。中南海是中国共产党中央委员会和中华人民共和国国务院的办公地点，可以说是我们国家的心脏！而这支消防队是北京市消防救援总队西城区消防救援支队府右街特勤站，他们的使命，就是日夜守护这片神圣的土地和保障首都人民的安全。

府右街特勤站的站长焦云龙，是我们故事的主人公。焦云龙并不像电影里的超级英雄那样拥有超能力，但自从投身消防工作以来，他已经参与了数千次的救援行动，每一次都冲在最前线，用勇气和智慧与火魔搏斗。

在庆祝新中国成立70周年的重大庆典活动前夕，消防安全保卫任务异常艰巨。焦云龙带领着他的队员们，坚守在岗位上，对每一个细节都进行仔细排查，确保万无一失。最终，他们圆满完成了任务，为活动的顺利进行保驾护航。

又有一次一座居民楼发生了火灾。焦云龙立即带领队员们赶往现场。他们穿着厚重的防火服，戴着呼吸器，冒着高温和浓烟，经过几个小时的奋战，终于将火势控制住，并成功救出了被困人员。当焦云龙走出火场时，他的脸上已经满是烟熏和汗水。

焦云龙用自己的行动诠释了什么是责任和担当，什么是勇气和智慧。他是我们心中的英雄，也是我们学习的榜样。

瓦西里·伊格纳坚科：切尔诺贝利的英雄

1986年，苏联发生了一场可怕的灾难——切尔诺贝利核事故。这次事故释放出了大量的核辐射，对周围环境和人们造成了巨大的伤害。而在这场灾难中，有一位名叫瓦西里·伊格纳坚科的消防员，以其无畏的安全和坚定的信念，谱写了一曲悲壮的英雄之歌。

瓦西里是一名普通的消防战士，当他接到切尔诺贝利核电站发生火灾的报警时，毫不犹豫地冲向了火场。那时候，人们还对核辐射的危害了解不多，防护措施也非常有限。瓦西里和他的队友们只穿戴着普通的消防装备，就冲进了那片危险区域。

核反应堆爆炸使火势凶猛异常。瓦西里和队友们在高温和辐射的双重威胁下，毫不退缩，奋不顾身地扑灭火焰。然而，由于核辐射的影响，很快，这些消防队员们出现了皮肤溃烂，严重脱发的症状，身体日渐虚弱。在事故发生后的短短两周，瓦西里因受到大量辐射而离世。

瓦西里·伊格纳坚科的事迹让我们深感敬佩。

培养"精英消防员"的高等学府

消防员们总是冲在最前面,面对熊熊大火和重重危险,他们毫不畏惧。这份勇敢与无畏并不是天生的,而是来自一所所专门培养精英消防员的高等学府。在这些学府里,未来的消防员们会学到很多专业的救火技能,还会锻炼出像钢铁一样坚忍的意志。

消防教育先锋　中国人民警察大学

【消防工程专业大学名片】

学校名称:中国人民警察大学
专业地位:国家级一流专业,省级改革试点,软科专业排名榜首。
特色课程:涵盖火灾科学理论、消防工程技术、消防安全管理等专业知识。
未来就业:消防部门、应急管理部门、公安部门等,工作选择多样,涵盖设计、管理、灭火救援、火灾调查等领域。

【专业亮点】

中国人民警察大学消防工程专业,是国家级的一流专业,是省级改革试点,在软科专业排名中屡获榜首。报考这个专业,你会学到很多关于消防的知识,还能学会怎么指挥灭火救援。

【核心课程】

消防燃烧学，学习火是怎么燃烧起来的；建筑防火设计，学会如何让建筑更安全；电气防火也很重要，让你懂得怎么预防电气火灾。当然，还有消防技术装备、消防法规，等等，都是成为消防专家必备的知识。

【教学实力】

学校汇聚了一批教学经验极其丰富的老师，不仅具备深厚的专业知识，还有丰富的实践经验。教学设施也非常先进，如同进入了高科技的消防训练场。

【教学特色】

中国人民警察大学特别注重理论与实践的结合，老师用生动的课堂吸引着学生们，让学生亲自动手操作，把火场上的每一个细节都摸清。培养学生既懂理论，又会实战，成为真正的消防能手。

【与消防部门的合作】

学校与众多消防单位合作，让你有机会去消防站实习，穿上消防服，拿起水枪，跟真正的消防员一起并肩作战，体验灭火救援。学校还会定期邀请消防部门的专家来给学生们讲课，以便于了解最新的消防技术和动态。

【未来工作】

学完这个专业，你可以到消防部门、应急管理部门工作，也可以去公安部门等其他地方工作。你能做消防工程的设计、管理，还可以参与灭火救援、火灾调查，为学生开启多元化的职业发展路径。

消防精英高校　中国矿业大学

【消防工程专业大学名片】

学校名称： 中国矿业大学

专业地位： 全国第一个教育部批准在地方高校设立的消防工程本科专业，省部级重点建设专业，软科专业排名前列。

特色课程： 全国排名第一的A+学科"安全科学与工程"建设，包括燃烧学、火灾动力学、热工学等专业基础课程，以及房屋建筑设计、建筑防火工程、建筑结构耐火设计、水灭火工程等专业主干课程。

未来就业： 应急管理部门、消防救援机构、消防科研院所和大专院校、国家机关和企事业单位的消防安全管理岗位等。还可选择继续攻读硕士、博士学位。

【专业亮点】

中国矿业大学的消防工程专业，是全国第一个在地方高校里设立的消防工程本科专业。这个专业被评为国家级一流本科专业。中国矿业大学的安全工程学院还能让你继续读硕士、博士；是培养消防人才的重要基地。

【核心课程】

你将在这里学到火灾的科学知识，了解火灾是如何悄悄发生的；你还会学习如何给建筑穿上"防火衣"，运用消防安全工程技术，让建筑在火灾面前坚不可摧；当然，还有消防法规这门必修课，让你成为懂法、守法的消防卫士。

【教学实力】

中国矿业大学的老师们，不仅学识渊博，还身经百战，拥有丰富的实战经验。学校的教学设施也是一流的，助力学生在这里尽情施展拳脚。

【教学特色】

老师们会用生动的案例，把消防知识变得妙趣横生。学校还经常组织同学们去消防站实战演练，感受那份责任与荣耀。

【与消防部门的合作】

中国矿业大学和消防部门经常联手举办活动，让同学们有机会近距离接触真正的消防员。消防部门的专家还会来学校开讲座，分享那些惊心动魄的救援故事。

【未来工作】

毕业后，你可以选择加入消防部门，成为火场上的"逆行者"；也可以进入企业，负责消防安全管理工作，为企业的安全保驾护航；还可以成为消防领域的科研人员，为消防事业的发展贡献自己的力量。

消防教育特色高校　　中南大学

【消防工程专业大学名片】

学校名称：中南大学

专业地位：国家级特色专业，省级重点学科，软科专业排名前列。

特色课程：主干学科包括土木工程、化学工程与技术、管理科学与工程，主要课程有工程力学、化学工程、消防燃烧理论、建筑防火设计原理等。

未来就业：主要面向消防部门、应急管理部门、公安部门、大中型国企、外企等领域就业，从事消防设计、管理、救援、火灾调查、消防产品研发、测试、生产、销售等。

【专业亮点】

这所学校的消防工程专业，将工程技术的严谨性与消防科学的实践性融为一体，积极探索并创新教学模式。在这里，你将有机会接触到最前沿的消防理念，通过实践掌握最实用的消防技能，为成为消防领域的杰出人才打下坚实的基础。

【核心课程】

走进中南大学的消防课堂，你将领略到一场知识盛宴。课程有火灾动力学的深奥原理，建筑消防设计的实战智慧，电气火灾的防范策略以及消防应急管理的全方位攻略。理论与实践并重的教学体系，让你成为懂理论善实战的消防全才。

【教学实力】

学校的教师队伍，是由学术大师与实战专家组成的团队。他们既拥有深厚的学术功底，又具备丰富的实战经验。学校还配备了一流的消防设施与实验平台。

【教学特色】

学校经常组织消防演练与实地考察活动。学校还鼓励学生参与科研项目与社会实践，将所学知识应用于实际问题的解决中。

【与消防部门的合作】

中南大学与消防部门携手，建立了全流程的消防人才培养体系，把学习、研究、生产和实际应用都结合起来。学校经常邀请消防工作专家，为学生讲解最新的消防政策和技术知识。学校还给毕业生提供了很多实习和就业机会。

【未来工作】

你将成为一名具备高度责任感与使命感的消防精英。你可以选择加入消防部门，成为火场上的勇士；也可以进入企事业单位，负责消防安全管理与应急响应工作；还可以继续深造或从事科研工作，推动消防事业的发展。

宇航员：星际探险家

在浩瀚的太空中，闪烁着无数璀璨的星辰。

瞧，宇航员正驾驶着宇宙飞船，跨越浩瀚的星辰大海！他们是穿梭于星际间的探险家，追寻着未知的宇宙奥秘。

穿上那身特制的宇航服，宇航员就仿佛化身为"星际战士"。宇航服堪称他们的"生命盔甲"，不仅能提供氧气和调节温度，还可以抵御宇宙射线和高速微粒的侵袭。有了这件"盔甲"，宇航员才能在太空自由翱翔。

宇航员的工作可不是看星星那么简单。他们要进行科学实验，研究太空环境对地球生物的影响；他们要维修空间站，确保这个"太空之家"正常运行；他们还要进行太空行走，完成一些在地球上无法实现的特殊任务。

身处神秘的太空，宇航员会经历一些奇妙现象。他们感受到失重状态，就像是在水中漂浮一样；还能看到地球的全貌，那个蓝色的美丽星球在太空中显得格外耀眼。

如何成为宇航员
——插上强壮的飞天"羽翼"

你是否曾经仰望夜空，对那璀璨的星河充满无限遐想？是否梦想过穿着宇航服，驾驶飞船，在浩瀚的宇宙中遨游？今天，我们就来聊聊如何成为一名宇航员，开启你的宇宙探索之旅！

第一步

点燃对科学的热爱

成为一名宇航员，首先要对科学充满好奇和热爱。宇宙是那么神秘，科学就是我们解锁这些秘密的钥匙。你可以多读一些科普书籍，了解天文知识、物理原理，还可以动手做小实验，感受科学的魅力。记住，每一次探索都是对未知世界的勇敢尝试！

第二步

努力学习，筑牢梦想基石

宇航员需要掌握很多知识和技能。在学校里，你要认真学习数学、物理、化学等基础学科，这些知识是构筑宇航员专业素养的基石。

此外，英语能力也很重要，国际空间站的宇航员来自世界各地，英语作为国际通用语言，在太空任务的沟通协作中发挥着关键作用。你要努力学习英语，为将来的国际合作做好准备。

宇航员要会说英语！

- **口语流利**：宇航员要用英语流利对话，包括日常聊天、工作报告和紧急情况下的沟通。说话应当清楚、准确，快速传达信息，不让别人误会。

- **掌握专业词汇**：宇航员要知道很多航天方面的专业词，如"spaceship"（宇宙飞船）、"rocket"（火箭）、"orbit"（轨道）等。这些词对工作、学习以及做研究都有帮助。

- **听力理解好**：宇航员要能听懂地面控制中心或其他宇航员的指令和信息。听力好对完成任务至关重要。

- **阅读写作行**：宇航员要能读英文的技术手册、研究报告和指令，还要擅于用英语写工作报告和实验记录。

第三步

锻炼身体，强健体魄飞太空

宇航员在太空中要经历各种挑战，没有强健的体魄可不行。所以，你要坚持锻炼身体，多做一些有氧运动、力量训练，提高自己的耐力和爆发力。还可以在专业人员的指导下，尝试模拟失重环境的训练，为将来的太空生活做好准备。

第四步

参加选拔，宇航员梦想起航

一切准备就绪，你就可以参加宇航员的选拔了。选拔过程非常严格，要经过多轮面试、体检和心理测试，考察科学知识、沟通能力、团队合作精神，以及你的身体指标和应对紧急情况的心理素质。

第五步

接受专业训练，太空技能全掌握

如果你成功通过了选拔，接下来将开始接受专业的宇航员训练。训练内容涵盖航天理论学习、飞行技能训练、生存训练等多个方面。你会学习如何在太空中进行科学实验、如何驾驶飞船、如何在紧急情况下逃生等技能。这些训练虽然艰苦，但却是将来探索太空必须具备的。

宇航员的专业训练之旅		
航天理论大课堂	·宇宙是怎么形成的 ·飞船是怎么飞到太空里去的 ·人体在太空会发生什么奇妙变化	·星星为什么会闪烁 ·飞船如何工作
飞行技能大比拼	·学会驾驶宇宙飞船，掌握各种控制按钮的操作方法 ·在模拟飞行器里，体验飞船起飞、飞行和降落的全过程 ·学会在太空里做实验	
生存大挑战	·飞船故障如何逃生 ·在无人区如何找到食物和水	·学习使用弹射座椅等救生设备 ·如何搭建住所
特因耐力大考验	·超重训练，在特殊设备里，体验比地球重力还要大的力量 ·前庭功能训练，通过旋转椅、平衡木等特殊设备进行锻炼 ·高温、低温考验。	
太空漫步大演练	·练习在模拟太空的环境里移动	·使用各种工具
心理小课堂	·学习放松自己	·压力大时保持冷静
大型联合冒险	·团队合作	·处理紧急情况

宇航员的职业冷知识

"太空适应征"需要吃药吗

初到太空,宇航员们可能会遇到一种叫作"太空适应综合征"的情况。这不是什么神秘的疾病,只是因为在太空中没有了地球重力,面对完全不一样的环境,宇航员身体一下子有些不适应。就像你突然坐上过山车,可能会感到头晕乎乎的,有点恶心。

这种太空适应征并不是要靠吃药来解决的。宇航员们都经过了严格训练,他们的身体非常棒!所以,虽然刚开始可能会有点不舒服,过一段时间,身体就会慢慢适应。这就像你学习新技能,宇航员的身体也在学习如何在太空中生活和工作。

宇航员有专业的医疗团队和科学家们提供支持,随时关注他们的身体状况,确保能够安全、健康地在太空中完成任务。

宇航员为什么要"练嗓子"

在太空,宇航员之间的交流并非依靠手势,言语沟通同样必不可少。不过,太空舱内非常安静,用微弱的声音都能听得很清楚。不仅如此宇航员有时候还需要和远在地球上的指挥中心进行联系,传递重要信息。所以,他们的声音必须清晰、洪亮,才能确保信息准确无误地传达。

宇航员们为了能在太空有个好"嗓子",会专门进行声音训练。就像歌手每天练声一样,宇航员也会通过一系列练习,让自己的声音更加有力,更加悦耳。这样,无论是在太空舱内,还是与地球指挥中心通话,他们的声音都能传得远远的,清晰可辨。

宇航员的声音训练可不是闹着玩的,它是关系到太空任务能否顺利进行的大事。

世界各国宇航员职业大揭秘

中国航天员：我们的征途是星辰大海

你知道吗？目前，我国航天员主要分为3种类型，分别是航天驾驶员（飞行专家）、航天飞行工程师（任务专家）和载荷专家（科学家），他们共同肩负着"探索浩瀚宇宙，发展航天事业，建设航天强国"的国家使命。从2003年杨利伟完成中国首次载人航天飞行以来，中国航天员不断创造奇迹——2013年天宫一号开展空间科学实验，并向青少年进行太空授课，2024年航天员首次完成舱外维修任务。这群航天追梦者，不断将人类对宇宙的追问推向更深邃的远方。

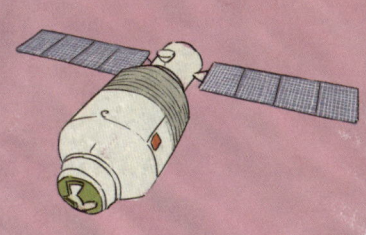

俄罗斯宇航员：极端环境适应力典范

俄罗斯宇航员以极端环境适应能力著称，在低温的雪地里迅速搭帐篷，模拟从沉入海底的飞船逃生，蒙着眼睛手动对接空间站。人类航天史上里程碑式的人物尤里·加加林就是俄罗斯人，他是世界上第一位完成地球轨道飞行的人类。俄罗斯宇航员奥列格·科诺年科同样创造了非凡成就，成为世界上首个在太空累计停留时长达到1000天的人。

欧洲宇航员：跨国协作的科研先锋

欧洲宇航员团队汇聚了来自德国、法国、意大利等国家的精英。他们需掌握三门语言，怀揣着欧洲的科学愿景奔赴太空。意大利女宇航员萨曼莎·克里斯托弗雷蒂堪称其中的杰出代表，令人瞩目的是，她在太空引用古诗文"仰观宇宙之大，俯察品类之盛，所以游目骋怀，足以极视听之娱，信可乐也"（东晋王羲之《兰亭集序》），准确地抒发了宇宙探索的敬畏与喜悦，留下了独特的文化印记。

认识宇航员"大明星"

万户：古代火箭升空的先驱

明朝时，有位名叫万户的官吏，他对天空充满了无限向往，总梦想着像鸟儿一样在天空中翱翔。为了实现这个梦想，他萌生出一个大胆的设想——制造火箭！

万户可是个实干家，他投入了不少时间和精力，居然真的成功造出了火箭。虽然跟今天真正的火箭相比，万户的火箭看起来很简陋，但他依旧不放弃，而是做出了更加惊人的决定：把火箭绑在椅子上，自己坐了上去，双手还举着一个大大的风筝！

这样做是为了什么呢？原来万户打算借助火箭的力量，送自己飞上天空。他手里举着的大风筝，是为了在空中飞行时保持平衡，还可以控制方向。这真是个天马行空的想法！

然而，梦想的实现之路往往布满荆棘。万户刚点燃火箭，意外就发生了。火箭的力量太大，不仅毁了椅子和大风筝，还让万户也不幸为此付出了生命的代价。

虽然万户的飞天试验失败了，但他敢于挑战未知，追求梦想的精神，激励着一代又一代航天人。万户也被誉为"航天第一人"，是伟大飞天梦想的先驱者！

杨利伟：中国的飞天英雄

中国的飞天英雄杨利伟，是我国踏入太空首位航天员！

杨利伟从小就怀揣着飞天梦。为了实现这个梦想，他在学校积极努力学习，成功考入了空军飞行学院，成长为一名优秀的飞行员。

可即便是身经百战的飞行员，想成为宇航员也不那么容易。杨利伟经过了层层选拔和艰苦的训练。他不仅要学习各种天文、航天知识，还要接受严格的体能训练和心理测试。在离心机训练中，他要承受相当于自己重量 8 倍的压力！但是，杨利伟凭借着顽强的毅力，克服了这些困难。

终于，在 2003 年 10 月 15 日，杨利伟乘坐着神舟五号飞船，向着太空出发了！当他坐在飞船里，看着窗外的地球变得越来越小，心里充满了自豪。

在太空中，杨利伟经历了许多惊险瞬间。当飞船返回地球进入大气层时，外面温度高达 2000 摄氏度，飞船内部承受着巨大的压力，面临极大挑战，但杨利伟依旧沉着冷静，他凭借着专业技能，成功驾驶飞船返回了地球。

飞天英雄杨利伟是中国人的骄傲！他用自己的行动证明了，也能飞上太空！

培养"星际探险家"的高等学府

优质的"航天学府"　北京航空航天大学

【大学名片】

学校名称：北京航空航天大学

荣耀标签："985工程"、"211工程"、"双一流"建设高校

王牌专业：飞行器设计与工程、航空航天工程、飞行器动力工程等

校训：德才兼备、知行合一

特色描述：以深厚的航空航天底蕴和卓越的科研实力著称。

【学校探索】

北京航空航天大学，是一座实力雄厚的"航天学府"，位于我们的首都北京。这所大学不仅是双一流大学，还是国家"211工程"和"985工程"的重点建设高校！它在学术研究和教育方面都非常出色，就像是一个航天梦工厂，培养出了许多优秀的航天人才！

【王牌专业】

飞行器设计与工程专业：你会学习怎么设计飞船的外形，让它飞得更快更稳。还会研究飞船的结构，确保它足够坚固，能在太空中安全飞行。

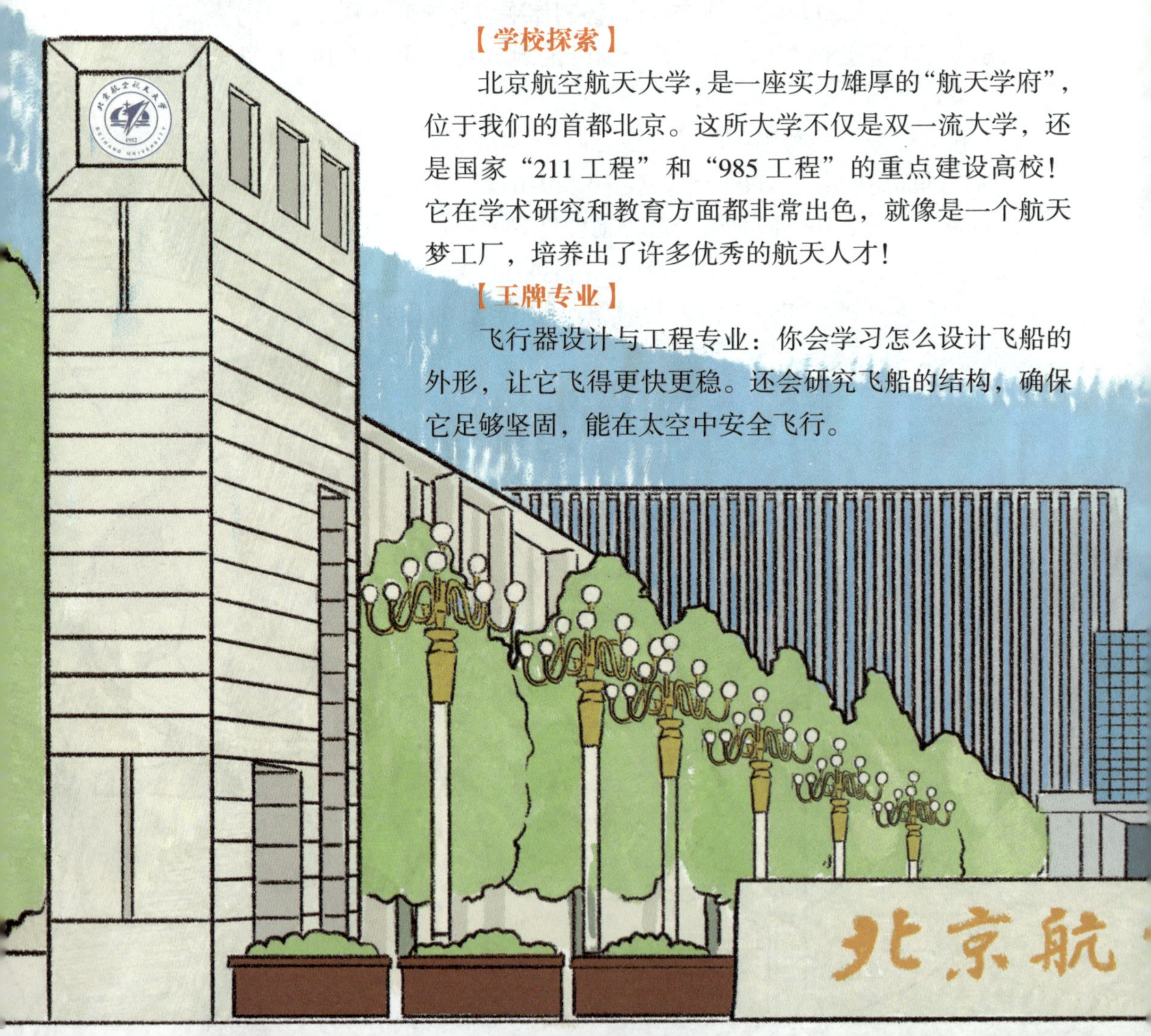

飞行器动力工程专业：这个专业研究怎么给飞船和火箭提供动力。你会学习如何制造和设计发动机，让飞船和火箭能顺利起飞和持续飞行。

航空航天工程专业：这个专业包括飞行器设计、制造、运行和维护等很多方面。你会学到航空航天的知识，知道飞船怎么飞行，如何控制方向，在太空中怎么进行各种实验。

【学习与就业】

北京航空航天大学的学习生活就像一场精彩的航天探险！你能在课堂上深入探索航空航天的神奇世界，还能亲手在实验室里做实验。学校常态化邀请航天英雄来和大家分享经验，让你近距离感受宇航员的魅力。

完成本科学业后，你可以攻读与航空航天密切相关的硕士、博士学位，深入学习飞行器设计等王牌专业，为将来成为宇航员或者从事相关科研工作打下扎实的基础。学校还与国外众多知名高校和研究机构合作，有丰富的出国留学机会。毕业后，你可以到中国航天、中国航天科工等去应聘，未来充满了无限可能！

东北"小清华" 哈尔滨工业大学

【大学名片】
学校名称：哈尔滨工业大学
荣耀标签："985工程"、"211工程"、"双一流"建设高校
王牌专业：航空宇航科学与技术、飞行器设计与工程
校训：规格严格，功夫到家
特色描述：学风严谨，拥有顶尖教育资源。

【学校探索】

哈尔滨工业大学，简称哈工大，坐落在美丽的黑龙江省哈尔滨市，是一所历史悠久的高等学府。它是国家"211工程"和"985工程"重点建设高校，更是国家"双一流"建设A类高校。哈工大在机器人和航天工程方面都有着突出的成就。

【王牌专业】

航空宇航科学与技术专业：这个专业堪称航天领域的核心支撑，你会学到飞行器是怎么设计出来的，如何能在太空中飞得稳稳当当，还有那些让飞行器飞得更快更远的神奇推进系统。

飞行器设计与工程专业：你会学到飞行器的结构设计、材料选择、空气动力学等知识，成为航天工程师，为宇航员打造出安全的飞船。

【学习与就业】

课堂上，老师用生动有趣的方式讲解着深奥的科学原理，引领你畅游科技的奇妙世界。课后，实验室里忙碌的身影随处可见，探索未知的科学奥秘。此外，丰富多彩的社团活动，让大家在紧张学习之余，也能展现自己的青春热情。

这里是培养未来宇航员的摇篮，许多优秀的毕业生有机会投身航天事业，成为探索宇宙奥秘的先锋。

航天科技摇篮　西北工业大学

【大学名片】

学校名称：西北工业大学

荣耀标签："985工程"、"211工程"、"双一流"建设高校

王牌专业：航空宇航科学与技术、飞行器设计与工程、材料科学与工程、计算机科学与技术

校训：公诚勇毅

特色描述：学到最前沿的科技知识，参与国家重大科研项目。

【学校探索】

西北工业大学位于美丽的古城西安，简称西工大。它不仅是"211工程""985工程"重点大学，还入选了"双一流"建设高校。西工大宛如一座充满无限可能的科技殿堂，同学们在这里学习航空、航天、航海等知识，不断向未知发起挑战！

【王牌专业】

航空宇航科学与技术专业：这是西工大的顶尖专业之一。你可以学到飞行器是怎么设计出来的，怎么在太空中飞行，还有那些让飞行器完成任务的各种先进的推进系统和控制系统。

飞行器设计与工程专业：你会学到飞行器的结构设计、材料选择、空气动力学等知识，成为航天工程师，为宇航员打造出安全的飞船。

材料科学与工程专业：研究飞船和航天服使用的各种特殊材料，进行前瞻性的研发与创新。

【学习与就业】

老师们创新采用案例教学与启发式教学法，用生动有趣的方式讲解复杂的科学原理。你不仅可以学到航空、航天、航海领域的前沿科技知识，还能在实验室里亲手组装飞行器模型，主动尝试科技创新。课余时间，各种社团活动开展得如火如荼，无论是航模飞行，还是文艺表演、体育竞赛，都极大地丰富了校园生活。

完成本科学业后，你可以继续攻读硕士、博士，深入探索科学的奥秘。依托全球化培养体系，学校与全球顶尖学府建立联合培养机制，你有机会与全球优秀的学者交流学习。此外，西工大在航空、航天领域的卓越成就，很多毕业生都有机会进入与航天紧密相关的单位工作，为我国的航天事业贡献力量。

军人：保家卫国的"迷彩侠"

穿着帅气逼人的迷彩服，头戴威风凛凛的军帽，军人身姿挺拔如苍松翠柏。走过他们身旁，让人忍不住在心里猜测：这些酷酷的"迷彩侠"，到底是什么神秘人物呢？

他们就是那些保家卫国的军人啊！

当我们在校园里学习，假期去悠闲地看电影、逛书店、度假时，军营里的军人们每天都在接受着"考验"，进行着艰苦的训练。

他们练习跑步，像闪电一样疾驰；练习射击，力求精准命中；还学习格斗技巧，身手敏捷犹如猎豹。他们与战友相互支持，面对困难携手并肩，危险关头沉着冷静。

这不是为了好玩或者耍酷，而是在我们最需要的时候，他们会化身英勇无畏的"迷彩侠"挺身而出！

当洪水来袭，别害怕，"迷彩侠"会用身躯筑起坚不可摧的人墙，挡住肆虐的洪水；当地震令房屋摇摇欲坠，别担心，"迷彩侠"会第一时间冲进灾区，用他们的双手送去希望；当坏人想破坏我们的美好生活，别焦虑，"迷彩侠"会勇

敢地站出来，给他们点颜色瞧瞧。

无论是烈日炎炎晒得大地滚烫，还是寒风凛冽吹得人瑟瑟发抖，军人都会坚守在自己的岗位上。他们用实际行动，诠释着真正的勇敢和担当！这些英姿飒爽的"迷彩侠"，是我们心中**最可爱的英雄**！

如何成为了不起的军人

怎样才能成为一位了不起的军人呢？这需要付出很多努力，还要具备一些特别的品质。

首先，要有强壮的身体。军人经常执行艰难的任务，经历艰难的地形和极端的气候条件。所以你平时一定要好好锻炼身体，在学校里做早操，上体育课跑步，做俯卧撑，练仰卧起坐，别偷懒，让自己的身体变得棒棒的。

军人要有一颗勇敢的心。军人常常会遇到很多紧急情况，有时甚至冒着生命

危险去完成任务，但是他们从来不逃避，会勇敢地承担起保家卫国的责任。想要当军人，你要学会不畏惧困难和挑战，特别是当你在学习上遇到困难时，不要轻易放弃，要学会努力去解决问题。

当然啦，成为了不起的军人，更需要有聪

明的头脑。在战场上,军人不仅要会打仗,还应懂得战略战术。这就像你在学校里做数学题一样,要动脑筋解题。平时应当多积累,阅读各种感兴趣的军事书籍、刊物,提升自己的知识量,锻炼思维能力。

如同你在学校里遵守校规校纪一样,军人也要严格遵守军队的纪律。军队有"铁"的纪律。军人代表着整个国家的形象,言谈举止都要做到规范化。我们平时就应当"严于律己",要有礼貌,跟同学交往尊重别人。

总之,想要成为了不起的军人,就需要你平时多多努力,将身体、心理、头脑都锻炼得很出色!相信只要坚持不懈,你未来也能成为一名优秀的军人,为国家和人民作出贡献!

你符合成为"迷彩侠"的条件吗?

年龄:满 18 岁。

学历:男兵要求初中毕业及以上文化程度;女兵要求普通高中应届毕业及以上文化程度。

身高:男兵 160cm 以上;女兵 158cm 以上。

视力:裸眼视力不低于 4.5。

政治审查:热爱党,热爱祖国,热爱人民军队,遵守国家法律。家庭成员无不良记录,无重大疾病等。

其他:军人不能染发,身体无传染病、遗传性疾病等。

备注:每年的征兵公告有更加详细具体的要求,兵种不同相应的要求也有所区别。你需要根据公告准备好相应的资料,进行资格审查。

成为军人不可不知的冷知识

军营是一个充满了纪律与秩序的世界,军人也总是给人严肃认真的印象。悄悄告诉你个秘密,其实军营里的军人也有很多趣事,有我们从未听过的冷知识,他们的生活同样是丰富多彩的!

为什么军人开饭前要唱歌

军营里有很多士兵,大家饿着肚子等吃饭,如果一下子都冲过去,食堂岂不是要乱成一锅粥了?幸好聪明的军人们想出了好办法,那就是在唱歌中等待就餐!

开饭时间一到,士兵们会整齐地站好,齐声唱起激昂嘹亮的歌曲。这样一来,他们就可以在歌声中耐心等待,炊事班大师傅也能有条不紊地把美食做好。

唱歌还有一个好处,就是能鼓舞士气,让军人的心情变得更好。辛苦训练之后,听一听那熟悉的旋律,唱一唱那振奋人心的歌词,整个人都会精神起来。

所以,军人开饭前唱歌,不仅仅是一个传统,更是充满智慧和乐趣的习惯。

军人入营和退伍时吃什么

新兵入营那天,迎接他们的不仅仅是全新的环境,还有一顿特别的饭菜。这第一顿饭,往往是一碗热乎乎的面条。为什么要这么吃呢?

因为面条长长的,象征着新兵将要在军营里"长留",开始他们崭新的军旅生涯。从这一刻起,新兵就是军营的一员了。

然而,时光如白驹过隙,转眼到了退伍的日子。彼时,军营里弥漫着依依不舍的氛围。在退伍前一天晚上,部队会为退伍军人准备一顿饺子。这饺子还有个有趣的别称——"滚蛋饺子",意思是饺子圆滚滚的,希望士兵离开军营后,新生活圆圆满满,每一口饺子,都饱含战友的祝愿。

世界各国的军人

中国人民解放军：守护祖国和百姓的"超级英雄"

中国军人是捍卫和平的"超级英雄"，他们来自陆军、海军、空军、火箭军和战略支援部队五大军种，共同组成我国的国防力量。"我是中国人民解放军军人，我宣誓……"从他们宣誓的那一刻起，就肩负起誓死保卫祖国、守护中国百姓的神圣使命。或在云端之上，俯瞰万家灯火、捍卫祖国领空的安全；或在雪域高原，誓死保卫边境安宁；又或在洪灾险情中，以血肉之躯为受灾群众撑起"生命防线"。致敬这些最可爱的人！

俄罗斯军人：钢铁战士

俄罗斯联邦武装力量由陆军、海军、空天军、战略火箭军及空降兵等军种组成，实行义务兵役制与合同志愿兵结合的兵役制度。义务兵因法律限制不得参与境外作战，通常仅执行本土防御或进行后方支援；合同兵不受此限制，承担了更多的作战任务。近年来，俄罗斯推动军事现代化，军队训练注重实战化，频繁通过"高加索"系列演习检验并提升联合作战能力。

英国军人：皇家卫士

英国军队由陆军、皇家海军和皇家空军组成，实行全志愿兵役制。英国军人以高度专业化闻名，据英国国防部 2023 年发布的报告，英国军队的职业化程度居全球前列：士兵平均服役年限达 9 年，此外，军官需通过桑赫斯特皇家军事学院的严格培训。其训练体系强调跨军种协同，还会通过定期参与北约"坚定捍卫者"等演习，检验与盟军联合作战能力。

军人的楷模
——古今中外的大将军

彭德怀元帅的故事

在中国悠久灿烂的历史长河中，有这样一位将军，他身材高大魁梧，眼神中闪烁着坚定与勇气，他立下赫赫战功，奖章能挂满胸膛。人民都尊敬他，说他是大英雄，是国家的大功臣！

他就是我们敬爱的彭德怀元帅。彭德怀元帅不仅是才智过人的军事家，指挥战斗如神，还是一位深受群众爱戴和尊敬的领袖。

彭德怀元帅出生在湖南湘潭县，从小家境贫困，饱尝了生活的艰辛，但这些困苦反而把他磨砺得更加顽强。年轻的时候，他满怀热血投身军旅，从一名普普通通的士兵，一步一个脚印，最终成为让敌人闻风丧胆的将军。

战场上，彭德怀元帅总是冲锋在前，他带的部队纪律特别严明。红军时期，他率领部队参加了多次反"围剿"战役，长征路上，指挥红三军团连破敌人四道封锁线，厉害极了！抗日战争时，他当八路军副总指挥，带着战士们在敌后打游击战，把日本鬼子打得晕头转向。最出名的"百团大战"，他带领部队消灭了好多敌人。到了解放战争，他率西北野战军以少胜多，保住了党中央和陕北，解放了大西北五省，真是战功赫赫啊！

从红军时期到抗日战争，再到解放战争，无数次战役都展现了这位将军非凡的军事才能和领导力。他还牵挂着人民，打仗时总是尽力保护人民的生命和财产安全。

彭德怀元帅不仅仅是会打仗的大英雄，还是位特别有远见的政治家。他心里清楚地知道，只有国家富强了，民族振兴了，老百姓才能过上红红火火的好日子。在担任国防部长期间，他积极致力于改善军队的武器装备，还组建了技术兵种，让军队实力变得更强大。

苏联"军神"朱可夫的故事

朱可夫是二战时期苏联最杰出的将领之一。他有着超凡的军事才能和坚如磐石的意志,带领着苏联红军打赢了一场又一场关键战役。

在战场上,朱可夫身为智勇双全的指挥官,总是那么冷静果断。他能飞快地分析战况,然后想出既实用又巧妙的战术方案。不管是伏尔加格勒那场惊心动魄的保卫战,还是攻打柏林的那场决战,朱可夫都展现出了他非凡的军事才华和卓越的领导力,让人佩服不已!

在伏尔加格勒保卫战中,朱可夫带着苏联红军,与装备精良、训练有素的德军展开了一场生死较量。面对这么强大的敌人,朱可夫没被吓倒,他沉着冷静,巧妙地布置战术。

朱可夫知道,直接和德军硬拼可不是好办法。于是,他利用伏尔加格勒那错综复杂的城市地形,把红军战士们分成小队,和德军在城市的每个角落展开了巷战。每一栋楼、每一条街都成了战斗的绝佳掩护场所。朱可夫还让战士们设置了电网,埋了地雷,以至于德军每走一步都得小心翼翼,生怕踩到"陷阱"。

有一次,德军集结了大量兵力,想要冲破红军的防线。朱可夫迅速调来炮火,对德军进行了猛烈的轰击。炮弹像雨点一样落在德军阵地上,炸得敌人四处逃窜。接着,朱可夫命令部队迅速发起反击,一下子就把德军打退了。

红军战士们在他的带领下,英勇抵抗,毫不畏惧。经过一场场激烈的战斗,朱可夫终于成功守住了伏尔加格勒。朱可夫凭借其卓越的军事才能和领导能力,成为军人学习的楷模。他永远激励着人们为和平而奋斗。

军事院校
——杰出军事人才诞生地

军事院校就像是庄严而神秘的"英雄基地",培养着一代又一代杰出的军事人才。学生们穿着整齐的军装,迈着坚定的步伐,他们从书本中学习战术,在操场上磨炼意志,在军事院校的沃土慢慢生根发芽,最终长成保卫国家的参天大树。

军事教育之星　中国人民解放军国防科技大学

【大学名片】

学校名称:中国人民解放军国防科技大学

荣耀标签:"985工程"、"211工程"、"双一流"建设高校

王牌专业:计算机科学与技术、软件工程、管理科学与工程、系统科学、信息与通信工程、航空宇航科学与技术、机械工程、电子科学与技术等

校训:厚德博学,强军兴国

特色描述:既有高水平的高等教育,又有严格的军事训练,还有厉害的科研创新。

【学校探索】

国防科技大学坐落在风景秀丽的长沙市,是直接由中国共产党中央军事委员会领导的军队综合性大学。它不仅进入了国家"211工程",更是军队唯一进入国家"985工程"的院校,同时还是国家"双一流"建设重点高校。这所大学就像一颗耀眼的军事教育之星,培养着无数未来的军队栋梁!

【王牌专业】

计算机科学与技术专业:这是国防科技大学的"金字招牌",在全国学科评估中名列前茅。学习这个专业,你将掌握最先进计算机技术,成长为能够设计开发出高性能军事软件或系统的工程师。

软件工程专业:你会学到如何设计出高效、可靠的软件,为军队的各种任务提供强有力的支持。你将来开发的软件还有可能在战场上发挥巨大作用。

电子科学与技术专业：你将有机会参与设计先进的雷达、通信设备等，为提升我国的军事技术贡献力量。

【学习与就业】

每天清晨伴随着嘹亮的号声，大家会整齐地列队出操。课堂上，老师们用生动有趣的方式讲解着深奥的军事理论和科学知识。课外生活也多姿多彩，学校会定期组织各种军事训练和体育活动，还有丰富的文艺晚会和社团活动。

这里不仅有本科教育，还有硕士、博士等更高层次的学习机会。你可以跟随导师参与前沿的科研项目。毕业后你可以选择留在军队，成为一名优秀的军官，也可以选择进入国防科技工业领域，参与研发先进武器装备，为国家的军事现代化建设出力。

军事教育界"哈佛" 中国人民解放军国防大学

【大学名片】
学校名称：中国人民解放军国防大学
荣耀标签：军事教育顶尖学府
王牌专业：军事战略与指挥、军事科技
校训：厚德博学，强军兴国
特色描述：培养未来军事领袖，捍卫国家安全。

【学校探索】

国防大学位于首都北京，是我国军事教育领域的最高学府。

【王牌专业】

军事战略与指挥类专业：这个专业立足培养高级军事人才。你会学习战略制定、战役指挥、军事运筹学这些听起来就很酷的知识。这可是国防大学的传统强项。

军事科技类专业：培养适应现代战争，懂得高科技的军事人才。比如无人系统工程、侦察情报、网络安全、电子对抗等。

【学习与就业】

国防大学的核心课程聚焦联合作战指挥能力培养。这就意味着，除了学习普通大学的课程，更要研究军事理论和实践，通过军训、实习等活动，全面提升身体素质和军事技能。

毕业后，学员可能担任部队各级指挥官，带领士兵们保卫祖国；也可能成为军事专家，为国家出谋划策。

陆军英雄的摇篮　　中国人民解放军陆军工程大学

【大学名片】
学校名称：中国人民解放军陆军工程大学
荣耀标签：军事工程教育的瑰宝
王牌专业：通信工程、土木工程等
校训：严谨求实，献身国防
特色描述：培养未来军事工程师，学习军事理论，掌握工程技术，锤炼坚韧意志，为保卫祖国贡献力量。

【学校探索】
陆军工程大学位于六朝古都南京市，学校占地面积极为广阔，大约有736万平方米，在石家庄、重庆、武汉和徐州都有校区，是一所综合性工程大学。主要培养陆军通信兵、工程兵等既精通军事又懂工程的全面型人才。

【王牌专业】
通信工程专业：战场上的通信设备能让战友之间保持联系，传递重要信息。这个专业的学员们就是负责让这些通信设备在任何环境下都能稳稳当当地工作。

土木工程专业：建桥、修路、盖房子，这些都需要土木工程的专业知识。学员们应当学会怎么设计坚固的建筑，如何在战场上快速修建临时设施。

指挥信息系统工程专业：研究和开发指挥信息系统，让军队在作战时，每个人都知道自己应该做什么、怎么做，彼此之间配合默契，提升作战能力。

【学习与就业】
学员们每天迎着第一缕阳光迅速起床，整理内务后排着整齐的队伍出早操。上课时，他们不仅学习军事理论，还探索工程技术知识。

表现优秀的学员有机会继续攻读更高层次的硕士、博士。他们毕业后，有的可能会去边疆守卫国土，有的可能会成为科研机构的骨干，还有的可能会在国际维和任务中展现中国军人的风采。

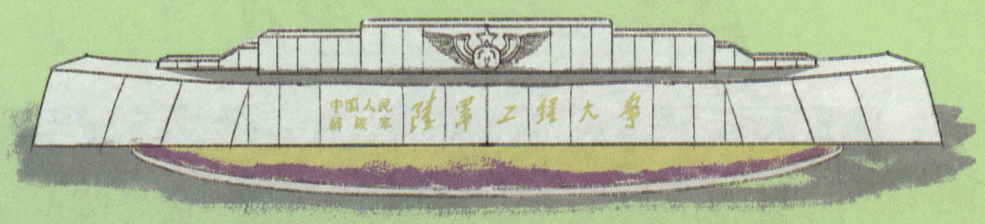

音乐家：跨越时空的声音魔法师

当清晨的第一缕阳光，如轻纱般温柔地透进房间，钢琴的旋律悠悠响起，如山间蜿蜒的溪流，自在地淌过心灵的角落；小提琴的弦音宛如森林中穿梭的微风，在空气中回荡……这些令人沉醉其中的美妙音符，无一不是音乐家们凭借深厚功底与满腔热忱精心雕琢而成。

音乐家，就是这样一群独特的人，他们借助乐器，把自己的心声转化为美妙音乐。钢琴家日复一日地练习，让手指在黑白琴键上自如游走，从而弹奏出流畅且动人的旋律。小提琴家不断打磨拉弓的力度与角度，让琴弦发出的每一个音符都恰到好处，组合成悦耳的曲子。

在乐队演出中，音乐家们的合作默契十足。钢琴家用多变的和弦营造氛围，打击乐手凭借精准的节奏掌控着乐曲的律动，大提琴家则以深沉的音色为音乐增添厚重感。他们各司其职，将不同的音符融合，呈现出层次丰富的音乐作品。

音乐家的工作看似光鲜，实则背后满是汗水。为了提升技艺，他们每天都要花费大量时间练习。就像知名钢琴家郎朗，在成名前经过了无数个日夜的艰苦练习，才能在舞台上展现出超凡的演奏水平。正是因为他们的坚持与付出，我们才能听到如此美妙的音乐。

在此，真诚地感谢这些用音符传递心声的音乐家，是他们让我们的生活充满了艺术气息，变得更加丰富多彩。

如何成为音乐家
——邂逅美妙的音乐

成为音乐家并不是遥不可及的梦想，只要你愿意付出努力和热情，就能一步步接近那个闪耀的舞台！

首先，闭上眼睛，让音乐流淌进你的心里，感受每一个音符的跳跃，每一个旋律的起伏，这样，你就能慢慢培养出对音乐的真情实感。

想成为音乐家，怎么能没有一件称手的乐器呢？选择你感兴趣的乐器，比如钢琴、小提琴、吉他或者鼓，踏上你的乐器学习之旅吧！刚开始可能会觉得有点难，但是别灰心，每天坚持练习，你会发现它越来越听你的话，慢慢能奏出美妙的旋律啦。

快来挑挑你的"音乐小伙伴"

乐器名称	声音特点	适合音乐风格	技能要求	选择建议
钢琴	音域极为宽广	无论是古典的优雅、浪漫主义的深情，还是现代音乐的多元风格，都能完美诠释。	需具备较强的五线谱视奏能力，手指要有足够的力量与灵活性	钢琴琴键布局清晰明了，易于上手，能为音乐学习打下坚实基础。
小提琴	音色细腻	擅长演奏古典音乐与现代音乐。	左手按弦需精准无误，右手拉弓的力度与技巧都十分讲究。	小提琴体积小巧，方便携带，但是音准的把握颇具难度，学习前需做好克服困难的心理准备。
古筝	音色清脆悦耳	主要用于演绎中国传统音乐，尽显东方韵味。	演奏时需佩戴假指甲拨弦，同时要熟练掌握简谱。	古筝作为中国独有的古老乐器，拥有两千多年的悠久历史，承载着深厚的文化底蕴，是感受中国传统音乐魅力的绝佳选择。
琵琶	清脆且富有穿透力	可生动演绎各种情境，擅长演奏中国传统曲目。	右手技法丰富，有弹、挑、扫等；左手有按、吟等技法，同时需熟练运用简谱进行演奏。	若你对中国传统音乐怀有浓厚兴趣，琵琶定能带你领略中国民族乐器的独特魅力，感受其蕴含的深厚文化内涵。
打击乐	节奏鲜明，感染力强	常见于摇滚乐与民族音乐中，为音乐增添独特韵律。	演奏者需具备出色的节奏感，熟练掌握多种打击乐器的使用方法，精准控制每种乐器的演奏力度。	倘若你喜爱热闹氛围，对节奏极为敏感，听到音乐就忍不住跟着打拍子，那么打击乐无疑是你的理想之选，它将让你尽情释放对节奏的热爱。

你还要学习一些音乐知识，比如乐理等。这些知识能帮你更好地理解音乐，演奏音乐。不妨找音乐教材来看看，或者参加音乐课程，让专业老师带你入门。

别害怕展示自己！参加学校的音乐会、社区的文艺演出，或者和朋友们组个小乐队，一起排练、表演。每次登台演出都是宝贵的锻炼机会，可以让你更加自信，也能令你的音乐才华得到很多人的认可。

成为音乐家的路上，或许会遇到困难和挑战，但是只要你保持对音乐的热情，不断追求进步，就一定能够走得更远。

音乐家不可不知的"秘密"

吉他的"前身"是什么

不少音乐家都是吉他爱好者,然而你或许不知道吉他的"前身"其实是种非常古老的乐器——"乌德琴"。

乌德琴,据说起源于中东地区,有着数千年的悠久历史。乌德琴的形状与现在的吉他很像,琴身圆润,琴颈长长的,形制小巧,便于携带。

在古老的波斯帝国,或是繁华的阿拉伯市集,常会看到音乐家坐在柔软的垫子上,手中轻轻拨动乌德琴的琴弦。那悠扬的旋律,如同沙漠中的清泉,滋养着人们的心灵。当时,许多吟游诗人和旅者,都靠着乌德琴的伴奏,给人们讲有趣的故事和传说。

后来,乌德琴随着贸易以及文化交流传到欧洲。音乐家和工匠们对它进行改装升级,调整了琴身比例,使得乌德琴的声音更加悦耳,更换了琴弦的材质,让演奏更加得心应手。就这样,乌德琴在欧洲慢慢演变出了吉他。

泡澡能创作出美妙的音乐

大音乐家贝多芬据说在创作乐曲时喜欢在水里泡澡。这其实并非偶然,因为泡澡确实有助于大脑放松,可能为灵感涌现提供条件。

当我们沉浸在温暖的水中,大脑前额叶和杏仁核等区域的活动逐渐变缓慢,大脑随之进入深度放松状态。前额叶,作为大脑的"指挥官",掌控着我们的逻辑思维;杏仁核如同情绪"调度中心",与我们的情感处理息息相关。当这些区域在泡澡时得到充分"休息",大脑的其他部分,特别是负责创意的右脑,变得更加活跃。这就像是给大脑打开了一扇"创意之门",让新想法和灵感如潮水般涌现。

波兰钢琴大师肖邦,也有自己独特的创作习惯。他弹琴时用力极大,时间久了,手指难免会感到胀痛。于是,聪明的肖邦便在钢琴旁放盆冷水,弹一会儿就停下来,将双手浸入其中。这个看似简单的习惯,不仅让他的手指得到了舒缓,据说还对激发创作灵感很有帮助。

世界各国的音乐家

中国古琴演奏家：千年古乐的吟诵者

古琴，又称七弦琴，是我国最古老的弹拨类乐器，迄今有三千多年的历史，相传为"伏羲""神农"创造。春秋时期的伯牙演奏《高山流水》觅得知音子期，孔子更是"弦歌不辍，琴不离身"。古琴音色深邃悠远，它不仅是一种乐器，更体现了古人的审美情趣。如古人借琴修身，沈复在《浮生六记》写道："临故帖，抚古琴，倦即止。"今天，古琴仍然散发着创新魅力。社交平台上，人们边弹《广陵散》，边讲解其指法玄妙，不仅是对传统技艺的传承，更是与古代的文人雅士对话。

印度西塔琴演奏家：传承古典的艺术家

在印度，有一种名为西塔琴的传统乐器，它发出的声音悠扬而神秘。西塔琴演奏家们就像是古典音乐的守护者，他们穿着传统服装，坐在安静的舞台上，用指尖拨动琴弦，演奏出古老而美妙的旋律。这些演奏家不仅要学习复杂的演奏技巧，还要了解印度文化和历史，才能把西塔琴的音乐魅力完全展现出来。听他们演奏，可以感受到印度的古老韵味。

日本动漫配乐师：创造奇幻世界的魔法师

在日本，动漫配乐师可是个很酷的职业！他们为动漫作品创作音乐，让动画中的角色和故事更加生动有趣。无论是激烈的战斗场景，还是温馨的日常画面，配乐师都能用音乐来营造出恰到好处的氛围。有时候，一段好听的音乐甚至能让人记住整部动漫。这些配乐师就像魔法师一样，用音乐创造出奇幻的世界，让观众沉浸其中，流连忘返。

古今中外的著名音乐家

郎朗：中国的钢琴大师

郎朗是中国的钢琴大师，被誉为"中国钢琴界的骄傲"。

郎朗小时候就对钢琴有着浓厚的兴趣，他每天刻苦练习，他的才华和努力，让他在国际上大放异彩。郎朗曾在著名的柴可夫斯基国际钢琴比赛中获得第一名，还获得了德国古典回声大奖、全英古典音乐奖等众多国际奖项。

郎朗的演奏技巧非常高超，他能用钢琴弹奏出各种风格的音乐，从古典到现代，从欢快到深情，他都能驾驭得游刃有余。他的演奏常让人陶醉其中。

郎朗很喜欢和小朋友们互动。他经常在演出结束后，向小听众们分享自己的音乐故事，鼓励大家勇敢追求音乐梦想。

莫扎特：杰出的音乐天才

奥地利的音乐天才莫扎特，他从小就有着非凡的音乐天赋。

当其他小朋友还在玩泥巴的时候，年仅五岁的莫扎特就能创作出美妙的曲子。莫扎特爸爸发现了儿子这了不起的才能，于是带着小莫扎特四处旅行表演。

有一次，莫扎特和爸爸来到了美丽的维也纳。那里的人们听说来了个音乐神童，都纷纷赶来围观，连皇帝和皇后都特召见了他。皇帝在一次演出中，提议让莫扎特用一根手指，把刚才弹过的曲子再弹一遍。莫扎特也不怯场，走到钢琴前坐下。他的手指在琴键上跳跃，大家仿佛被带到了充满欢乐和梦幻的世界。

说起莫扎特的作品，不得不提他的《小夜曲》。这首曲子像是在夜晚悄悄降临的温柔歌谣，你闭上眼睛聆听，仿佛能看到月光洒满大地，星星在夜空中闪烁。

莫扎特有个特别的习惯，那就是他喜欢在作曲时玩些小把戏。据说莫扎特在为一首协奏曲创作华彩乐段时，故意加入了看似简单却难以演奏的音符。许多音乐家第一次听到这部分乐曲，都会被这个小把戏逗得会心一笑，有人则会勇敢挑战莫扎特的"恶作剧"。

莫扎特去世时只有 35 岁，但他用音乐给世界留下了无尽的宝藏，给我们带来了欢乐和温暖。

音乐学院
——音乐家诞生的宝藏之地

音乐殿堂的璀璨明珠　　中央音乐学院

【大学名片】

学校名称：中央音乐学院

荣耀标签："211工程"、"双一流"建设高校

王牌专业：音乐表演专业、作曲与作曲技术理论专业、音乐学专业

校训：勤奋、求实、团结、创新

特色描述：音乐底蕴深厚，师资力量强大，注重艺术实践。

【学校探索】

中央音乐学院，坐落于北京，是音乐界的"哈佛大学"，它不仅是"211工程"，还是国家"双一流"建设的佼佼者！这里的每个角落都散发着音乐的魅力，引领着中国音乐教育的方向。

【王牌专业】

音乐表演专业：这是培养顶级音乐家的摇篮。教你如何弹琴、唱歌，更重要的是，它教你如何用音乐去表达情感，去讲述故事，触动每一个人的心灵。

作曲与作曲技术理论专业：你会学到如何构思旋律，如何搭配和声，让你的音乐作品既动听又富有感染力。

音乐学专业：如果你还喜欢研究音乐背后的故事和文化，这个专业就太适合你啦！你会了解到音乐与历史、文化、社会的紧密联系，让你的音乐视野更开阔。

【学习生活与就业】

在中央音乐学院，到处充满了欢乐的音乐。你可以和来自世界各地的伙伴一起排练、创作，还可以参加各种音乐会、大师班，近距离感受音乐大师的风采。这里的学习生活，就像一场永不停歇的音乐盛宴！

从中央音乐学院毕业，你将获得音乐行业的发展机会——无论你选择成为职业演奏家、作曲家，还是音乐教育家，你都将用自己的才华和努力，为这个世界带来更多的美好和感动。

国际音乐交融之地　上海音乐学院

【大学名片】

学校名称：上海音乐学院

荣耀标签："双一流"建设高校

王牌专业：音乐表演专业、作曲与作曲技术理论专业、音乐学专业

校训：和而不同，卓尔不群

特色描述：多元文化的音乐学习环境。

【学校探索】

上海音乐学院，这所坐落在国际大都市上海的音乐学府，是双一流大学的骄傲！走进校园，你就能感受到音乐与都市的完美融合，这里既是音乐高等学府，也是国际交流的窗口。

【王牌专业】

音乐表演专业：教你如何用音乐表达自己，你可以学到最专业的表演技巧，成为舞台上的闪耀之星！

作曲与作曲技术理论专业：你将学会如何将传统的音乐元素与现代的科技手段相结合，创作出独一无二的音乐作品。

音乐学专业：带你深入了解音乐的奥秘，学到音乐的历史发展，不同音乐风格的特点，还有音乐与其他艺术的融合。

【学习生活】

校园内绿树成荫，花香四溢，仿佛是远离尘嚣的音乐乐园。教学楼里，琴房、录音室、排练厅等设施一应俱全。在上海音乐学院，你将开启一场多元文化的音乐之旅。你可以参加各种国际音乐节、交流活动，与来自不同国家的音乐家一起探讨音乐的奥秘。

毕业后，你将成为音乐产业的领航者！无论是进入唱片公司、音乐制作公司，还是成为音乐教育家、音乐治疗师，你都将用自己的专业知识和创新精神，为音乐产业的发展贡献力量。

国乐传承的瑰宝之地　　中国音乐学院

【大学名片】
学校名称：中国音乐学院
荣耀标签："双一流"建设高校
王牌专业：音乐表演专业、作曲与作曲技术理论专业、音乐学专业
校训：厚德载物，和声致远
特色描述：民族音乐与西洋音乐相融合。

【学校探索】

中国音乐学院位于首都北京。这所承载着国乐传承使命的学府，是双一流大学的瑰宝！走进校园，你能感受到浓厚的中国传统音乐氛围，这里每一处都散发着国乐的独特魅力。

【王牌专业】

音乐表演（国乐系）专业：是培养国乐演奏大师的沃土。你将深入学习各种传统乐器，掌握二胡、琵琶、笛子等传统乐器的演奏精髓和技巧。将来你有望站在国际舞台上，让世界领略国乐的独特风采。

作曲与作曲技术理论专业：这是中国音乐学院的国家级特色专业，特别擅长民族音乐方面的创作。通过曲式与作品分析、电子创作等，你能学到传统的作曲技法，还能接触到最前沿的音乐科技。

音乐学专业：涵盖了音乐创作、表演、教育等多个领域，不仅教学质量高，而且学术氛围浓厚，你能接触到最前沿的学术研究和最专业的指导。

【学习生活】

在中国音乐学院，你将深度沉浸于国乐文化中。你可以参加各民乐社团与音乐节展演，与同学们一起排练、演出。这里的学习生活丰富多彩。

从中国音乐学院毕业，无论是成为国乐演奏家、作曲家，还是进入文化传播、教育领域工作，你都将用自己的才华和努力，将国乐的魅力传播到世界每一个角落，让更多人了解和喜爱中国传统音乐！

人工智能工程师：科技梦想家

放学后，刚一走进家门，智能音箱便开始为你播放最爱听的歌曲。

来到厨房，智能电饭煲为你准备了美味的煲仔饭。

盥洗室里，智能洗衣机已经把脏衣服洗干净并且自动烘干。

这可真是太神奇了，像是有个贴心助手在为你服务，而这个"助手"其实就是**人工智能**。创造这些神奇体验的人，是人工智能工程师，也称为 **AI 工程师**。他们可是真正的科技梦想家！

人工智能工程师的工作是设计和开发各种智能系统，让机器像人一样思考、学习和解决问题。他们要深入研究人类的需求，平时都习惯如何行动，思考怎样用技术来满足这些需求。比如，他们可能会设计能够自动识别并分类垃圾的智能垃圾桶，或者是一个超棒的陪伴机器人。

他们要用各种编程语言和工具，把这些想法变成现实。有时候，他们还要和其他领域的专家一起合作，共同解决复杂问题。

除此之外，人工智能工程师要对系统进行测试和优化，确保它们能够稳定运行。

这绝对是一群富有创造力的科技人才。如果你也对科技充满了好奇和热情，那么不妨考虑成为一名人工智能工程师吧！说不定，下一个改变世界的新点子，就出自你的手呢！

如何成为超炫的人工智能工程师

想成为超炫的人工智能工程师吗？跟我一起开启这场充满惊喜的奇妙学习之旅！

数学基石

数学可是人工智能的"秘密武器"！这就像盖房子需要坚固的地基，学习人工智能，一定要先扎实学好数学。

- **学会代数**：用它来解决各种复杂的计算问题。
- **学好几何**：能帮你理解空间和形状，这在图像识别里可太有用啦！
- **概率和统计不能少**：它们可以让你分析数据，找到数据背后隐藏的规律。
- **有趣的数学题**：像数学竞赛题，或者玩数学解谜游戏，在玩中提升数学能力。

体验编程

学会编程，等于拿到了通往人工智能世界的钥匙。

Python 是人工智能领域最常用的编程语言，它能让你指挥计算机做事。

可以从简单的小程序开始学起，接着学习做一些小游戏，像猜数字、贪吃蛇，在这个过程中熟悉编程的基本语法和逻辑。

网上有很多免费又有趣的编程课程，比如 Scratch 编程社区，还有编程猫，都能帮你轻松入门。

走进机器学习

机器学习是人工智能的核心。它就像教机器学习知识，让机器变得越来越聪明。

·**简单的线性回归算法**：它能根据一些数据来预测结果，比如根据房子的面积、房间数量预测房价。

·**决策树算法**：就像你做选择题一样，通过一步步判断来得出结论。有很多有趣的书可以帮助你理解，像《动手学机器学习》，里面有很多好玩的例子，让你轻松掌握机器学习的奥秘。

探索神经网络

神经网络是人工智能的大脑。它模仿人类大脑的神经元结构，能处理复杂任务。

简单的感知机能对数据进行分类，就像把水果分成苹果、香蕉、橙子一样。还有深度学习里的卷积神经网络，在图像识别方面特别厉害，能让机器准确地认出图片里的东西。也可以通过一些在线课程，像 Coursera 上的深度学习课程，来深入学习神经网络的知识。

单层感知机模型

职业冷知识

人工智能工程师是"超级翻译"

你以为人工智能工程师每天对着电脑敲代码、处理枯燥的数据？不止这样哦，他们还是"超级翻译"！在训练人工智能语言模型时，那场面就像在打造语言天才。

工程师们得把全球的语言知识，一点一点"喂"给 AI 这个聪明的"学生"。例如英语复杂的语法规则，包括一般现在时、现在进行时、过去完成时等，都得让 AI 摸清。中文除了常用词汇和语法，那些有趣的成语、歇后语，也需要教给 AI。甚至一些方言，像四川话里的"巴适"，东北话里的"唠嗑"，都不能落下。只有这样，AI 才能像语言大师一样，和全世界不同地方的人顺畅交流。

神奇的未来预测大师

人工智能工程师有时就像是从科幻电影里走出来的"未来预测师"。

比如天气预报，他们把卫星收集到的大气温度、湿度、气压等各种数据，统统输入到精心设计的 AI 模型里。这个模型就像超级大脑，快速运算分析，配合专门的数值天气预报模型，给出明天的天气预测。究竟是阳光明媚，还是会下雨，甚至会不会有台风，都能提前知晓。

AI 有时会"生病"

数据之于人工智能，如同食物对我们一样重要。如果"吃"的数据有问题，人工智能就会"生病"。

拿训练 AI 识别图像来讲，假如数据大多数是白天的照片，这就好比一直吃同种口味的食物，当它突然面对夜晚的照片时，由于之前没有"品尝"过夜景数据，会"犯迷糊"，怎么也认不出照片里的东西。

世界各国的 AI 工程师在忙什么

美国：硅谷的"AI 创新先锋"

美国，尤其是著名的硅谷，是人工智能的前沿阵地。这里汇聚了谷歌、微软、亚马逊等科技巨头，他们如同充满野心的探险家，不断在人工智能的海洋里寻找新宝藏。

在这里工作的人工智能工程师，每天都像坐过山车。他们常常面临着巨大的挑战和超快的工作节奏。可能你刚花了一个周末写完的代码，项目优先级突然降低，所有努力都白费了。这就是很多工程师的日常。为了比竞争对手更快发布新产品，大家都在疯狂"内卷"，项目进度不断加快，每个 AI 发布都像是一场紧张的赛跑。

中国：AI 应用的"超级推手"

中国的人工智能发展就像高速行驶的高铁，一路飞速向前。政府对人工智能十分重视，出台了不少支持政策，仿佛给人工智能这棵小树苗补充了许多好的营养。

在中国，人工智能工程师们的舞台可大啦！从繁华的一线城市到充满活力的二线城市，处处都有他们忙碌的身影。安防领域，AI 工程师设计的应用可以帮助警察快速识别坏人；医疗行业，能辅助医生更准确地诊断病情；金融领域，还能预测市场变化。

欧洲：AI 社会责任的"守护者"

在欧洲，AI 工程师们高度重视 AI 技术的社会责任和影响。他们积极参与制定 AI 相关的法律法规，确保 AI 技术的发展符合人类价值观。最有趣的是，他们还成立了专门的 AI 社会责任研究机构，探讨 AI 技术带来的社会挑战，例如算法偏见、隐私保护等问题，并寻求解决方案，引导 AI 技术朝着负责任的方向发展。

谁是超酷的人工智能工程师

李飞飞：从"图像海洋"里捞珍宝

华裔人工智能科学家李飞飞，她在图像识别领域取得了卓越的成就。

李飞飞致力于让计算机也能像人一样"看懂"世界。于是，她开始了一场艰难的冒险。那时候，图像识别技术还不太成熟，计算机很难准确认出图片里的东西。李飞飞想，要是能有一个特别大的图像数据库，让计算机学习各种各样的图片，或许能解决这个问题了吗？

说干就干，她带领团队开始收集图片。这可不是件容易的事，工程师们要从互联网、图书馆等各处寻找不同类型的图片，从动物到植物，从风景到人物，什么都有。收集完图片，还要一张一张地分类标注，告诉计算机每张图片里是什么。这个过程又枯燥又辛苦，就像在大海里捞针，但李飞飞和她的团队没有放弃。

经过长时间努力，他们终于建成了庞大的图像数据库——ImageNet。这个数据库里面有超过 1400 万张图片。有了它，计算机学习图像识别就容易多啦！ImageNet 令我们现在用的很多智能设备都可以准确识别图像，比如手机人脸识别解锁，还有智能摄像头自动识别物体。

李飞飞的故事告诉我们，只要有梦想，不怕困难，坚持努力，就能创造出了不起的东西。

伊恩·古德费洛：创造"对抗游戏"

伊恩·古德费洛是一位来自加拿大的人工智能工程师，他创造了一种全新的人工智能技术——生成对抗网络（GAN）。

在研究人工智能时，伊恩突发奇想：能不能让两个人工智能互相竞争，就像玩对抗游戏，这样它们会不会变得更厉害？于是，他开始设计这样的"游戏"。在这个游戏里，有两个"玩家"，一个叫生成器，一个叫判别器。生成器的任务是生成看似真实的数据，比如假的图片、假的文字；判别器的任务就是分辨这些数据是真还是假。

刚开始，生成器生成的样本很容易被判别器识破，但是，随着游戏进行，生成器越来越聪明，它不断改进自己创造的东西，让判别器越来越难分辨真假。而判别器也不甘示弱，它不断学习，提高辨别能力。就像两个好朋友在比赛跑步，你追我赶，都在努力变得更快。

通过这种对抗和竞争，人工智能变得越来越强大，在艺术创作、电影制作、医学等领域都得到了应用。伊恩·古德费洛这个创意，让我们看到了人工智能更多的可能性。

培养人工智能工程师的大学

科技与智慧的殿堂　　清华大学

【大学名片】
学院名称：清华大学
荣耀标签："985工程"、"211工程"、"双一流"建设高校
王牌专业：计算机科学与技术专业
校训：自强不息，厚德载物
特色描述：科研实力雄厚。

【学校探索】

清华大学，坐落于首都北京，作为中国顶尖学府，是当之无愧的"985工程""211工程"高校亦是"双一流"大学。这里堪称科技与智慧的殿堂，云集了全国各地学术精英，为怀揣人工智能工程师梦想的学子，提供了广阔的成长舞台。

【王牌专业】

计算机科学与技术专业：深度融合了计算机硬件、软件、算法等多方面知识，涵盖人工智能方向，走在科技发展的前沿。清华在人工智能领域拥有强大的科研实力和顶尖的师资队伍，承担多项国家级人工智能科研项目，自然语言处理、计算机视觉等研究方向成果丰硕。

【学习生活与就业】

在清华，学习生活充实而富有活力。每天都有人工智能前沿技术、行业发展趋势等主题学术讲座，学生们还能参加如中国"互联网+"大学生创新创业大赛等高水平科技竞赛。日常学习中，你可以自由组建团队，参与实际的人工智能项目，如智能交通系统优化、智能医疗诊断辅助系统开发等，在实践中提升能力。

清华毕业的人工智能工程师备受各大科技公司青睐，百度、阿里、腾讯等行业巨头纷纷抛出橄榄枝。不少毕业生凭借扎实的专业基础和创新能力，在这些企业中担任核心研发角色，推动人工智能技术在各个领域的应用与创新。还有许多毕业生选择前往斯坦福大学、麻省理工学院等国际知名学府深造，进一步提升学术水平。

创新与梦想的摇篮　　上海交通大学

【大学名片】

学校名称：上海交通大学

荣耀标签："985 工程"、"211 工程"、"双一流"建设高校

王牌专业：电子信息与电气工程专业

校训：饮水思源，爱国荣校

特色描述：产学研合作紧密。

【学校探索】

上海交通大学，地处国际大都市上海，是声名远扬的"985 工程""211 工程"高校和"双一流"大学。学校拥有现代化的校园和先进的科研设施，为学生提供了良好的学习和科研环境。在这里，学生能够尽情发挥想象力与创造力。

【王牌专业】

电子信息与电气工程专业：在与人工智能紧密相连，在电路原理、信号与系统等基础课程之上，开设了人工智能、机器学习等前沿课程，构建了完善的知识体系。交大在人工智能领域的研究成果斐然，智能电网、智能控制等应用方向处于国内领先水平。

【学习生活】

交大的学习生活丰富多彩。学校定期举办"人工智能前沿技术""未来交通与智能出行"等学术讲座，还积极组织学生参加 ACM 国际大学生程序设计竞赛、全国大学生电子设计竞赛等。你可以自由组队参与智能机器人研发、智能交通优化等项目。

【未来就业】

众多知名科技公司如华为、英特尔等，都会来交大进行校园招聘，为学生提供丰富的就业机会。交大毕业生在人工智能领域，凭借扎实的专业知识和创新实践能力，拥有较高的声誉和影响力。许多校友在自动驾驶、智能芯片等方向取得了显著成就。

历史与未来交汇　　南京大学

【大学名片】
学校名称：南京大学
荣耀标签："985 工程"、"211 工程"、"双一流"建设高校
王牌专业：计算机科学与技术专业
校训：诚朴雄伟，励学敦行
特色描述：科技与人才交融。

【学校探索】
　　南京大学，位于六朝古都南京，是一所历史悠久的"985 工程""211 工程"高校和"双一流"大学。学校既拥有深厚的文化底蕴，又充满现代科技气息，在这里，学生能够深刻感受到历史的厚重与未来的希望。

【王牌专业】
　　计算机科学与技术专业：融合了计算机软硬件、算法等，其中人工智能方向是当下科技发展的前沿领域。南京大学在人工智能领域不断探索，承担了多项国家级和省部级科研项目，机器学习、知识图谱等研究方向成果突出。

【学习生活】
　　南京大学拥有全国领先的 AI 实验室，如"机器学习与数据挖掘实验室"，学生在这里可以接触到最先进的 AI 技术和设备，参与到科研项目中，如基于机器学习的疾病预测模型研究。学校定期举办"AI 创意大赛"，鼓励学生发挥创新思维，其中一些获奖作品，如智能垃圾分类系统，已被企业看中并投入实际生产。

【未来就业】
　　南大的毕业生技术扎实，创新能力强，在就业市场上表现出色。有的毕业生利用 AI 技术开发了帮助听障人士"听见"声音的智能辅助设备，有的则投身于濒危动物保护工作，运用 AI 图像识别技术监测动物活动，为保护生物多样性贡献力量。优秀校友的事迹，激励着无数南大学子在人工智能领域不断探索前行。

机器人工程师：打造聪明的好伙伴

2025年春晚舞台上，宇树H1机器人身着花棉袄，踩着鼓点转动手绢，给观众带来了一段精彩的秧歌表演，展现了科技与民俗融合的魅力。

创造这些机器人的工程师堪称**"未来发明家"**，他们头脑中总是有着各种新奇有趣的想法。在工程师的紧密协作之下，机器人技术的发展日新月异。

有的机器人工程师精心绘制设计图，把每个环节的参数都计算得清清楚楚。

有的机器人工程师手拿遥控器化身"舞蹈老师"，用AI捕捉人类舞蹈动作并生成指令代码，通过数万次虚拟测试优化机器人的舞蹈动作。

最厉害的是调试团队，他们用特殊摄像头赋予机器人"眼睛"，让它们能识别舞台上的每个小伙伴……

中国机器人技术让世界惊叹，这些机器人可不只是会跳舞，实际上，它们已经融入我们的生活中。

在深圳的工厂里，机械臂用春晚同款的灵活手指组装手机零件，操作起来比人类手指还稳；上海港口的运输机器人扛着冰箱快速穿梭，遇到障碍物会主动绕行。

工程师们还致力于创造更厉害的"变形伙伴"，有的能变换结构穿越复杂地形；而搭载DeepSeek大模型的机器人正进入医疗、物流、家庭服务等多种场景，以"AI协作者"的身份提升人类的生活体验。

想象一下，未来可能出现会种菜的农业机器人，或是能去火山口捡岩石的探险机器人。目前，工程师正在训练机器人识别表情，说不定哪天你皱皱眉头，它就会递来纸巾安慰你！只要敢想敢做，每个人都有可能成为改变世界的发明家，让机器人帮人类完成更多了不起的事情！

机器人工程师成长之路

想成为机器人工程师？其实一点都不难，现在就行动起来吧！

STEP1　杰出工程师必备——知识工具箱

每个机器人工程师都有自己的"知识工具箱"，里面装着三个秘密武器：数学精灵、科学放大镜和编程指挥棒！"数学精灵"会教你用各种精妙算法解决问题，"科学放大镜"帮助你洞察齿轮咬合等奥秘，"编程指挥棒"可以给你的机器人下达酷炫指令。记得每天给工具箱充电，上课时尽可能给大脑输入大量知识数据，写作业遇到难题仔细思考，让你的知识数据库变得越来越强大。

STEP2　探险第一步——玩具实验室

跟父母沟通，经得他们同意后，把家里的旧玩具变成科学探索的材料吧！拆开会唱歌的泰迪熊，看看里面的语音装置怎么工作；用乐高积木搭个会转圈的风车。周末可以举办"机器人嘉年华"，和伙伴们比赛组装太阳能赛车，用黏土捏出你梦想中的机器人管家。悄悄告诉你个秘诀：成功的机器人工程师都会把失败视为珍贵的宝藏，仔细记录，总结经验！

STEP3
能力提升——未来工程师特训营

报名参加科技馆的"少年创客营",用发光二极管和微型马达制作会跳舞的机械蝴蝶,用酸奶盒改造太阳能小风扇。每周完成一个"工程师挑战任务",把制作过程记录为实验日记。如果遇到难题,不要怕,将卡住的步骤拍成15秒小视频,向科学老师求助。记住,每周末花30分钟整理"灵感口袋本",画出你见到的、想到的一切有趣机械结构,超市传送带和自动门都是免费的学习素材!

STEP4 组建团队——拥有合作超能力

邀请志同道合的伙伴组建"超级工程师战队",让创意与智慧碰撞出火花!你可以用废弃塑料板和发光贴纸设计炫酷的机械外壳,同伴用图形化编程让机器人完成挥手、递铅笔等神奇动作。每周举办一次"头脑风暴茶话会",用彩色便利贴在黑板上拼贴思路。遇到电路故障别慌张,一个负责用万用表寻找故障点,另一个用实验记录本记录"核心问题",合作解锁难关。

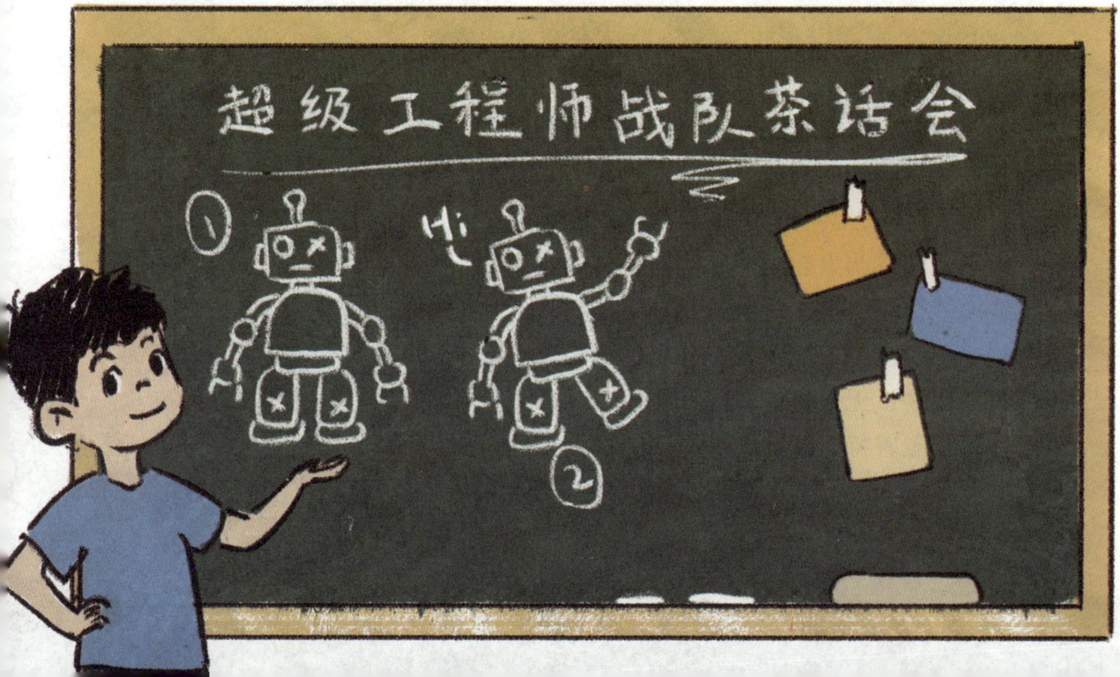

机器人工程师的奇妙冷知识

古代机器人会送快递

三国时期,诸葛亮发明的木牛流马堪称古代黑科技!《三国志》记载它"载多而行少,宜可大用,不可小使"。木牛流马为什么能这么厉害?它载着粮草翻山越岭,全凭木质机械结构的精妙配合。

学者推测它内部构造精妙,可能藏有类似棘轮的机关,利用齿轮咬合实现防倒滑。在险峻的蜀道上,木牛流马简直是"快递王者"。它的秘密武器是曲柄连杆装置。通过人力推动或机械传动装置,带动车轮在崎岖山路上平稳行进。遇到险坡时,棘轮机关立刻启动,车轮只能前进不能后退。

考古学家在四川发现的东汉独轮车遗迹,印证了这种机械智慧早已融入古人生活,诸葛亮只是给它"升级"成了军用加强版。今天的机器人工程师从木牛流马的棘轮装置中获得灵感,设计出能攀爬的机器人。

机器人的祖先是船

1898年,发明家尼古拉·特斯拉在纽约的麦迪逊广场花园电气博览会上,展示了一艘神奇的遥控船。这艘船不需要任何线缆连接,仅凭手中的信号发射器,就能控制船体的转向和航行。观众目瞪口呆,以为特斯拉在表演魔法,甚至称这艘船为"水上幽灵"。

特斯拉的发明太超前了,当时许多科学家都不相信无线电能控制机械,认为这是不可能实现的。但今天,这个创意已经遍地开花,你玩的遥控赛车能灵巧地绕过障碍物,无人机能在高空拍摄壮丽风景,它们的身体里都藏着特斯拉那艘"魔法船"的基因。

世界各国的机器人工程师

中国：从工厂到深海的"中国智造"

中国的机器人工程师用键盘和电路板创造奇迹。工厂里灵巧的机械臂，能跳着精确的舞蹈组装手机零件；医院里的手术机器人，正在帮医生完成高难度操作；在深海探测领域，机器人举着探照灯，在幽暗的海沟里探索！

这些工程师不仅会造机器人，还会教它们学习新本领。我国研发的机器人，有的能用 AI 识别海量数据，有的能背着快递箱在仓库里闪电穿梭。国家的"中国智造"战略推动机器人技术飞速进步，现在连火箭发射场的特种机器人都是中国自主研发的。

我国机器人工程师们每天都在实验室里设计新程序，向世界展示着令人惊叹的中国智慧！

德国：藏在机械零件里的"精密制造者"

在德国，许多少年在十几岁时就进入工厂实训，跟着老师傅学习给机械臂"体检"。他们会用特制的工具测量机器人的关节灵敏度，就像医生用听诊器检查心跳。

在德国的奔驰工厂里，严谨的工程师能够令多台机械臂组成"钢铁交响乐团"。它们的"钢铁手指"可以同时操控多颗螺丝，每颗螺丝的拧紧力度误差极其细微。最厉害的是，这些机械臂完成任务后还会摆出统一的"收工姿势"。

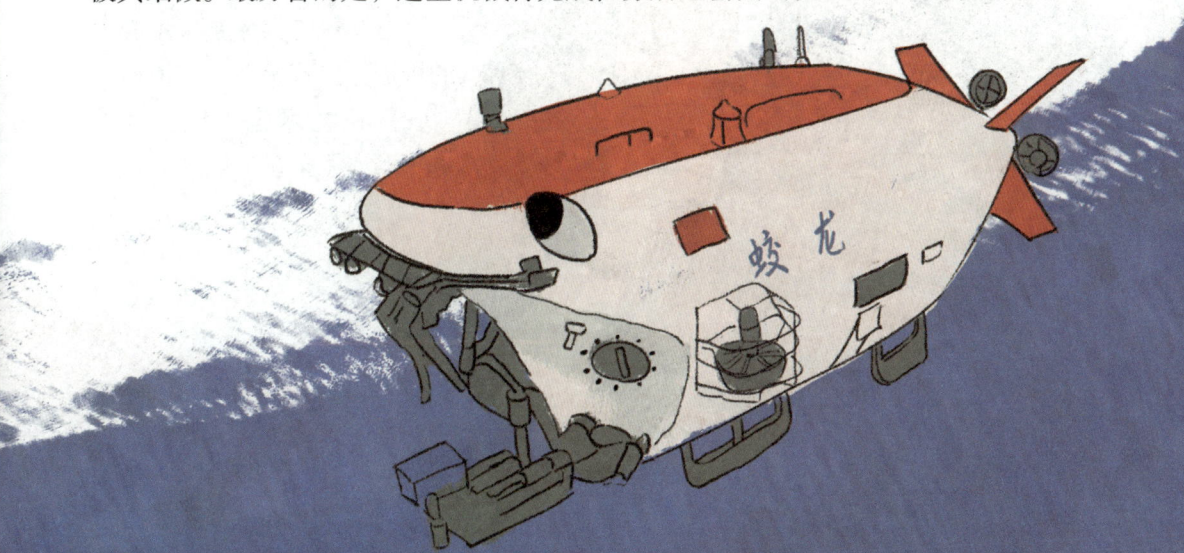

向杰出的机器人工程师致敬

春晚机器人魔术师王兴兴

还记得前面提到过的,在春节联欢晚会舞台上跳起《秧BOT》的机器人吗?这群金属舞者的"总教练",正是90后工程师王兴兴。他带领团队用代码和齿轮,让冷冰冰的机械展现出中国民间艺术的韵味。

王兴兴学生时代就爱拆解电器。他在上海大学读研时,用宿舍阳台当实验室,创造出全球首款低成本四足机器人XDog。如今他创立的宇树科技,已成为可以和美国波士顿动力相比的机器人新锐。

要让机器人理解"柔美"比解方程难十倍!王兴兴的团队曾用三个月调整机械手指的28度弯曲角度,只为还原秧歌手绢转动的微妙弧度。现在这些金属学生已掌握多种地方舞种,连高跷动作都能稳稳完成。

此后,王兴兴团队继续钻研,不断优化。宇树机器人除了能跳舞,还能表演中国功夫的帅气回旋踢。

与其说王兴兴是了不起的机器人工程师,不如说他是科技艺术家,正用代码续写着五千年的华夏文明。

机器人功夫宗师马克·雷伯特

美国波士顿动力创始人马克·雷伯特的实验室中,Atlas 机器人可以展示复杂平衡动作。这个能单腿站立 20 分钟不倒的机器人里,其实蕴含着东方智慧。它的平衡算法模拟人类单腿站立的动态平衡机制,就像中国武术的"金鸡独立",摔倒时还会模拟人类翻滚卸力。

这位年过七十的科学家,早在四十多年前便于麻省理工地下室投身两足机械研究。当年他为了搞懂人类走路,甚至偷偷观察女儿学步时如何保持平衡。如今他设计的机器人不仅能像人一样完成鲤鱼打挺、翻身这样高难度的动作,展示出出色的灵活性和动力控制能力;甚至能踩着梅花桩走猫步,体现其在复杂地形行走和平衡控制方面的卓越性能。

马克曾表示,鲁班锁的榫卯结构,令他对机器人模块化设计有了深刻的启发。马克的研究所一直关注着中国创新,并购买了我国的宇树机器人进行研究。

机器人工程师的摇篮

北京航空航天大学

——会飞的机器人学院

【超酷实验室：造机器人的"未来工厂"】

北航的"机器人研究所"就像一个充满科技感的秘密基地！学生们利用3D打印机制造出灵感源于蟑螂运动模式的微型机器人，其外壳采用碳纤维材质，轻如羽毛却异常坚固，内部搭载高精度芯片与传感器。

此外，还有极具特色的"无人机蜂群实验室"，研究多机协同飞行技术，无人机可通过AI算法实现动态编队，模拟鸟群迁徙的智能行为！

【课程就像升级游戏】

学生要先学搭"机械手"，用螺丝刀组装出能抓糖果的机械爪。然后要给机器人"装大脑"，把指甲盖大小的智能芯片接上传感器，让它能躲开障碍物。随着学习的深入，到了高年级，可以参加有趣的科技比赛，用编程让机器人模拟在火星上搬运建材，冠军作品还会被做成模型在科技馆展览！

【特别任务：太空探险预备队】

北航的"天行者"团队真的在帮科学家设计火星机器人！

他们发明的探测车，爪子能挖开坚硬的火星土壤寻找水源，折叠式太阳能翅膀展开后有课桌那么大，可以抵抗火星风暴，持续为它供电。

除了在火星探测机器人方面有所建树，北航还研发了会做手术的机器人。它的"手指"能隔着屏幕帮远在千里外的医生完成精密操作！

【小学生也能当预备工程师】

北航附小的同学就曾用矿泉水瓶和马达做出了会垃圾分类的"环保小卫士"，还登上了中央电视台。还等什么？现在就开始收集你的"英雄装备"吧！

哈尔滨工业大学

——太空机器人的"宇宙总部"

【月球车设计师的"星际训练营"】

哈工大是中国最早研究太空机器人的大学之一！

早在20世纪80年代，哈工大科学家研发的工业机器人曾参与国家级展览，为中国自动化技术奠定基础。

现在就更厉害啦，他们参与了"玉兔号"月球车的设计！这辆月球车配置了六个移动的轮状装置，能像螃蟹那样横着爬坡，它在月球表面执行了真实的探险任务。

更酷的是，哈工大团队正在研发在极端环境工作的机器人。有的能用机械臂在火山口采集岩石样本，有的能像穿山甲一样钻进冰川裂缝检测冰层厚度，这些技术未来可能帮助人类在火星建造基地哦！

【科普实验室：变身"机器人大师"】

走进哈工大的机器人科普基地，可见一间名为"创意工坊"的实验室。在这里，你可以用乐高式积木拼出智能小车——先给它装上超声波"眼睛"，原理就像蝙蝠用回声探路，它能自动避开课桌腿；再加上手势传感器，挥挥手就能指挥它转圈跳舞，和你在Scratch编程课学到的逻辑一模一样。

想要挑战更高难度？试试用3D打印笔"画"出机器人零件！你可以在这里制作会写毛笔字的机械臂，连笔锋转折都像书法家写得那样工整！

【冰上科学家：机器人界的"冬奥冠军"】

哈工大的"冰壶机器人"可是冰场上的高手！它的"手臂"装有激光雷达和压力传感器，能计算出冰壶滑行的最佳路线，投掷力度轻柔，恰如轻轻放下一片羽毛的力气。这个发明登上了央视新闻！

【周末彩蛋】

登录哈工大机器人基地的云展厅，可实时观看实验室机器人运行实况，并通过虚拟仿真程序模拟操作流程！

东南大学
——机器人界的"发明家俱乐部"

【从零开始造机器人】

东南大学的"未来机器人"专业就像闯关游戏乐园！

学生们从最简单的电路课开始，用彩色电线连接电池和 LED 灯，让灯泡像星星一样闪烁。接着，他们采用模块化组装技术构建机器人结构，再装上可转动的马达和能感知温度的传感器，让机器人学会走路、翻跟头，甚至跳舞。

最酷的是，这里的学生带着自己设计的机器人参加过全球机器人大赛，2023年还用会跳舞的"机甲战士"在 RoboCup 比赛中取得了优异的名次！

【机器人嘉年华：比动画片还精彩！】

每年春天，东南大学的操场会变成机器人"主题乐园"！让我们看看这些神奇选手：

"短跑健将"：用激光雷达当"眼睛"的轮式机器人，可快速穿越障碍赛道，50 米冲刺比小学生跑得还快！

"举重冠军"：液压机械臂可完成抓取、搬运等复杂任务，对物品精准投放。

"足球明星"：六足机器人用 AI 算法计算射门角度，守门员机器人则能像蜘蛛侠一样灵活扑救！比赛结束后，观众用手机投票选 MVP（最有价值球员），获胜队伍还能体验驾驶东大研发的陆空两栖飞行汽车模型！想要挑战更高难度？试试用 3D 打印笔"画"出机器人零件！你可以在这里制作会写毛笔字的机械臂，连笔锋转折都像书法家写得那样工整。

【会认路的"导盲助手"】

东大学生发明的导盲机器人，配备环境感知模块，能实时避开障碍物。智能语音导航也非常厉害，可以识别"去小卖部""找图书馆"等指令。紧急求救按钮同样酷炫！按下就会自动联系校园保安，测试中成功帮助视障体验者避开数十个路障。

【环保卫士：垃圾分拣专家】

实验室里的橙色机器人正在做"垃圾分类考试"。其配备高清摄像头作为"眼睛"，0.1 秒识别奶茶杯是可回收物还是干垃圾。它的"手指"有柔软硅胶吸盘，轻轻捏起易拉罐不弄扁。内置的 AI 大脑可记住多种垃圾特征，考试得分比人类志愿者高。

这些机器人已经在南京部分小区试点，连酸奶瓶盖和锡箔纸都能准确分拣。

新能源工程师：绿色能源照亮未来

　　当阳光洒在大地上时，工程师们会仔细调整太阳能板的摆放位置，确保每一块板子都能吸收到最多的阳光。

　　如果遇到风力发电场的"大风车"转得不够快，他们就会化身"能源侦探"，检查设备是否安装正确，进而调试设备，让风能更好地转化为电能。

　　这就是新能源工程师的工作，他们像绿色能源世界的"建筑师"和"医生"，用智慧和科技让太阳能、风能这些大自然的能量变成我们生活中可用的能源。每一天，他们都在为地球的可持续发展忙碌着。

工作中，新能源工程师经常需要解决各种有趣的问题。

有时候他们要戴着安全帽爬上百米高的风力发电机，像给巨人听诊一样，用专业仪器检测设备运行是否正常；有时候又坐在电脑前，用彩色曲线图分析哪些时段发电量不足，就像在破解一道关于阳光和风的数学题。

他们还负责把新能源技术带到更多地方，比如帮学校设计屋顶太阳能发电系统，让教室的灯光依靠太阳能供电，在照亮书本的同时，为保护地球贡献力量。

最让工程师们骄傲的是，他们的工作直接守护着蓝天白云。每当看到自己参与建设的新能源电站开始输送清洁电力，就像点亮了一座不会冒烟的"绿色工厂"。

新能源工程师不仅需要会画图纸、懂机械，更需要具备像园丁呵护幼苗那样的耐心，因为从设计图纸到真正发电，往往要经过上百次测试和改进。正是这些绿色能源的守护者，用每一天的坚持和创新，让我们的未来更加光明洁净。

解锁新能源工程师的"绿色"成长地图

当你站在学校科技节的展台前,看着太阳能小车在阳光下欢快奔跑,有没有想过,这些神奇的绿色能源装置,未来可能就出自你的双手。成为新能源工程师,犹如接受一份**"绿色地球守护者"**的专属任务,而这份任务报告,从现在就可以开始书写。

STEP1 点亮"好奇心明灯"

新能源工程师堪称地球的"绿色卫士",他们凭借科技研发出太阳能板、风力发电机等设备。了解新能源,你可以先从观察身边的新能源开始:

· 了解太阳能计算器如何靠光工作。
· 记录一个月内每天的风力等级,画出"风能日历",寻找最佳发电时机。
· 周末和家长去科技馆体验"光伏发电互动装置"。

这就像是玩拼插积木,你需要先认识有哪些积木,清楚它们的特点是什么,然后才能更好地利用和创新。

STEP2 给知识装上"创意引擎"

你在科技节上摆弄着柠檬电池,看着铜片和锌片在果汁里冒出细密的气泡,或许还没意识到,这串酸酸甜甜的化学反应,正藏着新能源世界的钥匙。工程师的创意往往始于这些"意外收获",而把日常物品变成能源装置的本领,正是工程师的"超能力"所在。

聪明的新能源工程师,会把数学课上的抛物线计算变成风力叶片的最佳弧度,把美术课的立体构成知识转化为光伏板的阵列排布。所学皆有用,所用皆创意,这是多么了不起的能力啊!

STEP3　从"纸上谈兵"到"实战演练"

对于新能源工程师所言,想要快速成长,广阔的实践平台不可或缺。只有将学到的理论和创意付诸行动,才有望诞生保护地球的绿色发明。

小学阶段,你可以加入学校组织的"新能源社团",哪怕是常见的雨水,相信你也能跟队友一起设计出奇妙的发电装置模型。到了初中阶段,除了学校内举办的新能源活动,你也可以参加社会上的"清洁能源创客"活动,有了以往经验的积累,发明一块太阳能手表应该不成问题。至于高中阶段,留意下心仪大学的相关活动,在大学教授指导下,你可以将很多东西变废为宝。

送你一本新能源工程师《修炼手册》

新能源工程师需要有强大的内核,成长如同历练,随着时间的推移和自身不断努力,你会逐步具备以下特质:

· 跨界思维:理解化学反应时想着能源转化,看到建筑结构就计算承重与光伏板布局。

· 故障洞察力:当风力发电机突然停转,能像侦探般通过电压波动锁定故障点。

· 永续热情:像特斯拉研究交流电那样,即使失败千次也相信下一次会成功。

在科学课上,当你举手说"老师,我觉得这个实验还可以加入地热变量"时,成为**新能源工程师**的种子便已经在心中生根发芽。记住,每个手绘风力发电机的下午,都是在为未来**储存能量**!

机器人工程师的奇妙冷知识

光伏板的"向日葵魔法"

太阳能工程师给光伏板装上了"智慧大脑",支架像向日葵一样追着太阳转。工程师们用电脑计算不同城市的日出轨迹,给每个支架定制了专属的"太阳舞步"。特别神奇的是,工程师发现根据季节调整倾斜角度,让光伏板吸收更多阳光。

有位工程师把光伏板表面刻满无数细小的凹凸纹路,增加光线吸收,让内蒙古沙漠里的光伏电站发电量得以提升!

在北方广阔无垠的沙漠里,590万块具备转向的光伏板汇聚成一片"蓝色海洋"。这些"钢铁向日葵"白天追着太阳发电,傍晚自动合拢"花瓣"休息。最有趣的是,光伏板下原本光秃秃的沙地,现在长出了绿油油的牧草。原来这些光伏板遮挡减少了水分蒸发,板面凝结的露水渗入沙地,给土地遮阳保湿,成了沙漠里的"园丁"。

风能工程师要当"蝙蝠侦探"

工程师们发现,蝙蝠在夜晚飞行时会用超声波定位,就像自带"雷达",但旋转的叶片会让它们的"导航信号"出错,导致误撞受伤。为了保护这些夜行邻居,工程师们在叶片表面安装了超声波发射器。超声波发生器持续发出的高频声波,就像一道隐形的警戒线,提醒蝙蝠提前绕开危险区域。

这项技术的灵感来源于蝙蝠的天敌飞蛾!有些飞蛾能发出干扰蝙蝠定位的超声波,工程师们模仿这种生物特性,把发射器设计成"声波盾牌"。测试数据显示,安装设备的发电机在夜间发电效率不受影响,却能让蝙蝠碰撞风险大大降低。

盘点全球新能源工程师

中国：追光骑士与风语者

在中国西北的戈壁滩上，光伏工程师们正驾驶着装有智能刷子的机器人，为绵延数公里的太阳能板"洗澡"。这些"追光骑士"掌握着全球领先的技术，中国太阳能板的发电总量足够同时点亮5.2亿盏100瓦的灯泡。

而在内蒙古草原，风电工程师给涡轮机装上"鹰眼摄像头"，检查叶片上的细微裂纹，就像给大风车做体检，让大风车转得更安全。他们犹如"风语者"，能听懂每一阵风的秘密。

美国：岩层解构师与储能架构师

在加州实验室，能源科学家们正将硅基材料重构为新型储能单元。特斯拉超级工厂内，数百个六边形电池模块像蜂巢般精密堆叠，组合成三层楼高的储能矩阵。一组储能设备储存的电量，足够全镇居民连续看两天电视。

丹麦：风车王国的积木大师

丹麦维斯塔斯公司的工程师是"风力积木大师"。他们设计的涡轮机模块能像拼乐高一样组装，北海风电场里15兆瓦的巨型风机，叶片转一圈产生的电能可供冰箱运转一整周。

这个童话王国41%的电力来自风车，工程师们甚至给风机涂上候鸟能看见的警示色，就像给天空画上安全线。

巴西：甘蔗魔术师的发酵秘方

圣保罗的生物燃料工程师把甘蔗渣变成"绿色汽油"。他们的发酵罐里住着特种酵母菌，每吨甘蔗废料可以变成足够小汽车跑完北京到上海路程的燃料。巴西公路上54%的汽车饮用这种"植物燃料"，工程师们还在培育能吃二氧化碳的藻类，让加油站变成"空气净化站"。

著名的新能源工程师

现代追风者：三峡集团风电工程师张雷

在江苏如东海域的潮间带上，数百座白色风机矗立在波涛之间——这里是亚洲首个全生命周期数字化管理的海上风电场，工程师张雷带领的团队负责运维的 H12-1 号机组，安装着我国自主研发的 12 兆瓦海上风力发电机。这种型号机组在额定风速 11.4 米/秒条件下，大风车转一圈发的电，足够让家里的空调吹一整天凉风。

在如东风电场的工程师办公室，墙上展示着一幅由中国科技馆提供的汉代水排复原图。张雷团队在设计中借鉴了古代智慧，例如参考故宫排水系统的坡道原理来优化风机基座导流槽。

2024 年 4 月，张雷团队研发的台风适应性技术被纳入 IEC 国际标准，为全球海上风电发展提供了中国方案。

中国古代"水能大师":汉代水排匠人

1900多年前的东汉时期,蜀郡临邛(今成都邛崃市)的冶铁作坊里,中国古代工匠创造了世界上最早的水力鼓风装置——水排。

据《后汉书·杜诗传》记载,南阳太守杜诗总结民间经验,于公元31年推广这项技术,利用湍急的河流驱动水轮转动,通过一系列机械传动装置代替人力鼓风冶铁。考古工作者在河南巩义铁生沟汉代冶铁遗址发现的陶制风管残片,印证了当时鼓风设备的成熟应用。

《汉书·食货志》与《淮南万毕术》都记载,工匠们以木制水轮驱动青铜齿轮组,通过连杆传动皮质风囊。这种机械装置使冶铁炉火温度大幅提升,燃料消耗降低20%。河南南阳瓦房庄汉代冶铁遗址出土的梯形铁板,正是水排技术支持下生产的优质钢材,被用来打造锋利的环首刀和坚韧的农具。

这些古代工程师采用"水则",即水位标尺,测量河床落差,在《九章算术》勾股定理指导下设计导流渠。邛崃平乐古镇保留的汉代引水渠遗迹显示,他们用铁凿在砂岩上开凿出精确的V形水槽,误差不超过2厘米。都江堰博物馆收藏的汉代竹制测绳,每尺约23.1厘米,见证了当时精密的水利测量技术。这些凝结智慧的水利设施,至今仍在滋养着川西平原。

机器人工程师的摇篮

西安交通大学
——把沙漠变成发电站的"未来能源基地"

【在沙漠建"能源乐园"】

西安交大的同学们做了件超酷的事,他们在内蒙古的库布齐沙漠建了个"沙中发电站",白天用太阳能发电,晚上就用白天晒热的沙子继续发电!这和你在科学课上学的"储热罐"原理很像,只不过他们用相变储热材料与沙子的混合介质进行热能存储,储存的热量可满足小型社区三天用电!还有位交大研究生发明

了"沙粒发电机"，利用玩沙漏时的摩擦力就能发电！

【奇妙的生活实验室】

你喜欢遥控赛车吗？西安交大新能源实验室里，有辆不用充电的赛车！它的车顶装着像蝉翼一样薄的太阳能膜，车窗采用嵌入碲化镉薄膜的试验型光伏玻璃。是不是很像你在科技馆看到的静电球？更厉害的是，他们正在研发用跳绳时的动能给手表充电的设备，这真是太棒了，再也不用担心你的运动手环没电啦！

【小学生也能参加的科学挑战】

每年暑假，西安交大都会举办"未来能源小博士"比赛。去年获奖的"能量小分队"，用废旧玩具车的马达、矿泉水瓶和磁铁，做出了简易海浪发电机！现在能量小分队的作品在大唐不夜城科普展区进行原理演示。比赛评委里还有比亚迪的工程师，他夸赞参赛选手设计的防触电插头非常巧妙！

【知识加油站】

西安交通大学的储能专业，是全国首个专门研究能源储存的本科专业，学生参与过南极科考站的电池优化项目。

清华大学
——阳光点亮未来的"新能源学院"

【有趣的新能源实验室】

在清华大学,有座像魔法城堡般的实验室大楼,这里的学生们每天都在研究如何用阳光、风和海水发电。实验室屋顶铺满太阳能电池板,这些电池板如同乐高积木一般,可以拼成各种形状!实验室里竟然有会追着太阳转的向日葵形发电器,原来,这是清华学生们发明的"双轴太阳跟踪系统",该系统能有效提高发电效率!

【生活中的发明】

爸爸妈妈可能会用到的电动汽车充电桩,很多都是清华新能源团队设计的。为了让充电桩更安全,清华新能源团队在充电桩握柄采用类肤质防滑涂层,在夜间操作区设置荧光导引标识。现在北京798艺术区的太阳能路灯,就是清华学生用3D打印技术制作的,路灯顶部集成微型垂直轴风力发电机,底座配备应急充电接口,可为游客在春游时应急充电。

【超酷的实践课】

清华大学有个"新能源少年体验营",你可以报名参加周末的科学工坊。寒假时,学员在这里用土豆、柠檬和硬币做出了简易电池,通过并联30个果蔬电池可点亮微型LED灯珠!教授们还会带大家去附近的官厅风电场,让你亲手摸一摸20层楼高的风力发电机叶片。悄悄告诉你,叶片表面涂的特殊材料,灵感来自荷叶表面微观结构,就像给风机叶片穿了隐形雨衣,可减少上面的沙尘!

【知识加油站】

清华大学新能源国际班,与剑桥大学联合开展潮汐能研究,本科生可参与实验室模拟系统操作。

华北电力大学

——让城市变成充电宝的"电力王国"

【校园就是巨型充电宝】

走进华北电力大学的校园,你会发现这里没有传统电线杆,所有路灯都是太阳能的。长椅扶手可无线充电,连足球场的围网都在发电!因为他们将压电陶瓷材料嵌入围网支架,利用足球撞击的振动,就可以产生电能。

【实用的绿色发明】

你教室里的空调费电吗?不用担心,华北电力大学的学生们发明了一款非常节能的"会呼吸的空调",这款空调的创意十分独特,它的灵感来自六年级课本中的蚕茧观察!这种空调外壳有数万个蚕茧状的小孔,白天吸入热气时孔洞会自动闭合保存冷空气,晚上孔洞打开排出热气,比普通空调更省电。北京动物园的企鹅馆就用上了这个发明,现在企鹅们再也不用担心停电啦!

【变身能源工程师的趣味课】

华北电力大学有个超有趣的"一度电实验室",这里的所有实验都和一度电有关。比如用一度电让 1000 个乒乓球同时弹跳,或者用一度电驱动小火车绕教室跑 30 圈!在探索节能和电能收集方面,同学们不断有新的创意和尝试。曾经有同学在这里发现,如果把全校师生手机待机状态浪费的电能收集起来,足够支撑星空投影仪运行三个月。现在他们正在和附属小学合作,在教室走廊安装踩踏发电地毯,同学们经过时产生的电能,可以给教室里的电脑充电!

【知识加油站】

华北电力大学内的太阳能车棚,年均发电 22 万度,相当于上百个家庭全年用电量。

用科学课上学到的电路知识,试着在家拿柠檬、硬币和导线做个微型电池吧!说不定十年后,你会在这些大学的新能源实验室里,发明出改变世界的"水果发电机"!加油啊,未来的新能源工程师,看好你哦!